实用中国成语俗谈

실용중국성어속담

文炳淳 · 李茉娜

实用中国成语俗谈 실용중국성어속담

초판 1쇄 인쇄 2010년 2월 19일
초판 2쇄 발행 2010년 11월 23일

지은이/ 文炳淳, 李茉娜

펴낸이/ 박재규
펴낸곳/ 경남대학교 출판부

주소/ 경남 창원시 마산합포구 월영동 449
TEL/ 055-249-2074 · 2075
FAX/ 0505-999-2115
E-mail/ ko10@kyungnam.ac.kr

ISBN 978-89-8421-313-513720

값 13,000원

본 저서는 2009학년도 경남대학교 학술연구장려금의 지원에 의해 출간되었습니다.

실용 중국성어 속담

머리말

21세기에 들어서면서 중국이라는 거대한 국가가 그 어느 때보다도 거세게 요동치고 있으며, 전 세계에 미치는 정치적, 경제적 영향력 또한 날로 격상되고 있다. 특히 우리나라와는 지리적 위치와 정치적 요인으로 인해 더욱더 가까운 나라로 다가오고 있다. 이러한 현실을 반영하듯이, 중국은 이미 미국을 제치고 우리나라의 최대 무역국으로 급상승하였다.

현재 국내의 대다수 대학에 중국어 및 중국학 관련 전공이 설치되어 있으며, 수많은 학생들이 중국의 언어, 문화, 사회, 정치, 경제 제반에 걸친 영역을 학습하고 있다. 그러나 이 모든 학습과정에서 가장 기본이 되는 것이 중국어 학습이라 할 수 있겠다.

많은 학습자들이 이미 경험했듯이, 중국인과 대화를 하는 과정에서 가장 곤혹스러울 때가, 바로 그들이 사용하는 성어와 속담을 알아듣지 못할 때 일 것이다. 중국인들이 일상생활에서 보편적으로 사용하는 성어와 속담을 알아듣고, 더 나아가 스스로 활용할 수 있어야만, 중급이상의 중국어 실력을 갖췄다고 할 수 있겠다.

본 교재는 총 16개의 흥미 있는 주제로 분류되어 있어, 각 주제별 상관된 성어 및 속담을 유기적으로 학습할 수 있도록 구성되었다. 또한 기존 교재들이 단순하게 어휘 풀이 및 의미 설명 중심으로 구성된 것과는 달리, 본 교재는 유의어 및 반의어를 첨부하였고, 각 종 성어 및 속담이 문장 속에서 어법적으로 어떻게 활용될 수 있는지, 각 각의 구체적인 예문을 제시하였다. 매 과의 마지막에 제시된 실용 회화는 이미 학습한 성어 및 속담을 실질적으로 응용할 수 있도록 구성되었다. 따라서 학습자들이 풍부한 예문과 실용 회화를 통해 좀 더 쉽게 이해하고, 스스로 활용할 수 있는 계기가 될 것이다.

2010년 2월

文炳淳, 李茉娜

前　言

学习汉语离不开学习中国文化，熟语是反映中国文化的一个窗口。所谓熟语，是使用的词的固定组合，语义结合紧密、语音和谐，是语言中独立运用的词汇单位，它包括成语、谚语、歇后语和惯用语。现行关于熟语方面的资料主要有两种形式，一种是辞典式，一种是课外阅读的资料式。在对外汉语教学中，上述两类资料，韩国学生都不能直接使用，一类是太难，另一类是课外阅读的材料，不能进行系统地学习。因此，应学生所需编写了本书，目的是通过系统地学习熟语，来提高汉语水平，提高会话能力，同时更深入地了解中国文化。

一、本书适用对象

为学习汉语的韩国学生编写的选修教材。适用于已经学完现代汉语基本语法，并且已经掌握《汉语水平词汇与汉字等级大纲》（修订本，经济科学出版社2001年）规定的甲乙级汉字和词汇的学生，词汇量不少于2500个。即汉语水平考试达到三级或以上的学生使用。即本书适合中级以上水平的学生使用，尤其是中文系的学生，已经掌握了汉语的基本词汇和语法结构，进入中高级阶段后，需要对中国文化进行更深、更全面的了解，本书正是打开中国文化之窗、揭露中华语言千年之精华的一把钥匙。

二、本书编写目标

设置为综合课的配用课本，使学生清楚汉语常用熟语的使用语境和使用方法。

1. 选择民众使用频率较高的典雅、常用、规范的语言材料作为例句，供学习者理解、思索、模仿、评论。
2. 以提高熟语量为中心来编写。本书将所选熟语的起点定在丙级词汇，并在之后附了丰富的例句，重视熟语的重现率。学习者在完成本书的学习后，在词汇量方面将有很大的飞跃。
3. 进入中级阶段的学生对汉语语法的把握已经有了大致的轮廓，所以本书重在熟语的使用语境方面，尤其注重不同语境的不同语法表现形式。
4. 学习者在讲读本书提供的语言材料的同时，接触并理解其中涉及文化内容，从而了解中国人的思维方式和语言表达方式。
5. 对于自学者来说，本书用详尽的注释和丰富的例子，为他们提供了最大的便利。

三、本书类型：中文系专业本科生选修课本及学生自学课本。

创新和特色：以主题为中心分了十六个方面，组成了16课，同时注意到熟语的使用环境，做到了功能项目和文化因素的有机结合。本书在编写上有以下特点：

1. 本书按内容把汉语常用熟语分成了16个方面，在每课后附加了相关主题的对话练习，并细化了每个熟语的使用情况及使用方法。
2. 词语教学历来是中级阶段和高级阶段的教学重点之一，本书编写的目的之一就是扩大学习者的词汇量。本书共收熟语1900余条，并在每条后附上了近义词和反义词，学习者在学习时能够达到举一反三的效果。
3. 本书和实际教学相结合，体例具体分为：拼音、解释、近义词、反义词、语法、例句，旨在帮助学习者掌握并正确使用这些常用的汉语熟语。

四、本书编写原则：

「结构—功能—文化」相结合。

1. 词条选择的原则：中国人会话中常用的熟语，同时强调趣味性。注意科学性和系统性。
2. 语法的解释原则：非穷尽式，而是选取常用的使用格式及使用语境。
3. 语音标注的原则：标注出了在语流中的实际读音。例如注意到了‘一’、‘不’的变调和‘啊’读音等。

4. 语法标准：采用北京大学中文系编教材对于语法划分的标准，比如：在能愿动词后出现动词这种语法现象，统一为动宾结构。
5. 语体运用的要求：口语化。

综上所述，我们希望本教材能够为韩国学生提供现代汉语口语中熟语的使用情况的概貌。作为本书的编者，衷心希望这本书能够为汉语教师和学生提供方便。同时要感谢庆南大学和东北大学的领导和同事们的支持。由于编者水平所限，本书一定还有许多不完善之处，希望听到同行们的批评意见。

2010年 2月

文炳淳、李茉娜

차 례

第一课 · 时间与变化

第二课 · 四季与景物

第三课 ● 人生与事理

第四课 ● 青春与立志

第五课 · 读书与奋斗

第六课 · 心情与表情

第七课 · 爱情与友情

第八课 · 美貌与丑态

第九课 ◦ 祝福与称颂

第十课 ◦ 国与家与个体

第十一课 • 流行与繁华

第十二课 • 奇妙数字

第十三课 ◉ 以'一'达'十'

第十四课 ◉ 典故今义

第十五课 ◦ 俗语今义

第十六课 ◦ 其他

第一课 时间与变化

01 白驹过隙(bái jū guò xì)

설명_ 시간 혹은 세월이 쏜살같이 지나가다.

- 白驹：白色骏马。
- 隙：缝隙。
- 指像白马在细小的缝隙前跑过一样。
- 形容时间过得非常快。

:: **유의어** :: 光阴似箭(guāng yīn sì jiàn)

:: **반의어** :: 度日如年(dù rì rú nián)

:: **어 법** :: 일반적으로 문장에서 목적어(宾语)로 사용됨.

:: **예 문** ::

(1) 人生如白驹过隙，所以我们要珍惜每一天。

(2) 夏天，就这样结束了，似白驹过隙!

02 百年不遇(bǎi nián bú yù)

설명_ 매우 드물다.

- 指一百年也遇不到。
- 形容事情很难遇见。

:: **유의어** :: 千载难逢(qiān zǎi nán féng)

:: **반의어** :: 屡见不鲜(lǚ jiàn bù xiān)

:: **어 법** :: 일반적으로 문장에서 술어(谓语)와 관형어(定语)로 사용됨.

:: **예 문** ::

(1) 这样的气候，百年不遇。

(2) 在这百年不遇的大地震中，我们用行动证明了人民的团结。

03 一寸光阴一寸金
(yí cùn guāng yīn yí cùn jīn)

설명_ 시간은 매우 소중하다.

- 寸等于0.1尺，约3.33cm。
- 光阴：时间。
- 指一寸时间和一寸长的黄金一样贵。
- 形容时间十分宝贵。
- 常与‘寸金难买寸光阴’搭配使用。

:: **유의어** :: 一刻千金(yí kè qiān jīn)

:: **반의어** :: 岁月蹉跎(suì yuè cuō tuó)

:: **어　법** :: 복문(复句)을 구성하는 단문(分句)으로 사용됨.

:: **예　문** ::

(1) 一寸光阴一寸金，寸金难买寸光阴。

(2) 一寸光阴一寸金，时间真的很宝贵。

04 长年累月(cháng nián lěi yuè)

설명_ 오랜 세월.

- 长年：多年。
- 累月：很多个月。
- 形容经过了很长时间。

:: **유의어** :: 天长日久(tiān cháng rì jiǔ)

:: **반의어** :: 一朝一夕(yì zhāo yì xī)

:: **어 법** :: 일반적으로 문장에서 관형어(定语)와 부사어(状语)로 사용됨.

:: **예 문** ::

(1) 他满口流利的汉语，是长年累月的结果。

(2) 没有人能受得了长年累月地加班。

05 披星戴月(pī xīng dài yuè)

설명_ 하루 종일 부지런히 일하다.

- 披星：身上披着星星。
- 戴月：头上戴着月亮。
- 形容早出晚归，非常辛苦。

:: **유의어** :: 早出晚归(zǎo chū wǎn guī)

:: **어 법** :: 일반적으로 문장에서 술어(谓语)와 부사어(状语)로 사용됨.

:: **예 문** ::

(1) 他每天披星戴月，寒窗苦读，终于考上了自己理想的大学。

(2) 她每天披星戴月地去工作，为了更好地养活一家人。

06 三更半夜(sān gēng bàn yè)

설명_ 한밤 중.

- 三更：子时，指晚上11点至凌晨1点。
- 形容深夜。

:: **유의어** :: 半夜三更(bàn yè sān gēng)

:: **어　법** :: 일반적으로 문장에서 보어(补语)와 부사어(状语)로 사용됨.

:: **예　문** ::

(1) 他常常工作到三更半夜。

(2) 三更半夜来什么电话呀?

07 不可同日而语
(bù kě tóng rì ér yǔ)

설명_ 서로 비교할 수 없다.

- 同日：同一天。
- 语：谈论。
- 指不能在同一个时间谈论。
- 形容不能相比。

::**유의어**:: 天壤之别(tiān rǎng zhī bié)

::**반의어**:: 相提并论(xiāng tí bìng lùn)

::**어　법**:: 일반적으로 문장에서 술어(谓语)로 사용됨.

::**예　문**::

(1) 现今的计算机处理速度和以前的不可同日而语。

(2) 现在的同学们成长的家庭环境、社会环境与老一辈的不可同日而语。

08 刮目相看(guā mù xiāng kàn)

설명_ 새로운 안목으로 보다.

- 刮目：用新眼光。
- 指事物是发展变化的，不能用老眼光、老观点看待同一个事物。
- 形容不能用老眼光看事情。
- 常与‘士别三日’搭配使用。
- 含褒义。

:: **유의어** :: 另眼相看(lìng yǎn xiāng kàn)

:: **반의어** :: 视同一律(shì tóng yí lǜ)

:: **어　법** :: 일반석으로 문장에서 단문(分句)과 목적이(宾语)로 사용됨.

:: **예　문** ::

(1) 几年前他还只是个大学生，现在已经是个小有成就的经理了，士别三日，当刮目相看哪。

(2) 这件事令小王对这个女孩刮目相看，心生好感了。

09 风烛残年(fēng zhú cán nián)

설명_ 꺼져 가는 촛불과 같은 여생.

- 风烛：风中飘摇的蜡烛。
- 残年：余剩的年岁。
- 形容临近死亡的晚年。

:: **유의어** :: 风前残烛(fēng qián cán zhú)

:: **반의어** :: 年富力强(nián fù lì qiáng)

:: **어　법** :: 일반적으로 문장에서 술어(谓语), 관형어(定语)로 사용됨.

:: **예　문** ::

(1) 可惜我已经风烛残年，心有余而力不足了！

(2) 一位风烛残年的老婆婆躺在病床上，手紧紧握着病床旁一位中年女子的手。

10 日新月异(rì xīn yuè yì)

설명_ 발전, 변화가 매우 빠르다.

▸ 新：更新。

▸ 异：不同。

▸ 指每天、每月都在变。

▸ 形容发展或进步迅速，不断出现新事物、新情况。

▸ 含褒义。

:: **유의어** :: 一日千里(yí rì qiān lǐ)

:: **반의어** :: 一成不变(yì chéng bú biàn)

:: **어　법** :: 일반적으로 문장에서 술어(谓语), 목적어(宾语), 관형어(定语)로 사용됨.

:: **예　문** ::

(1) 沈阳的城市建设日新月异。

(2) 宝宝的成长速度可谓日新月异！上个月才会翻身，这个月就能爬了。

(3) 改革开放三十年，是日新月异的三十年。

11 百年树人(bǎi nián shù rén)

설명_ 인재 양성은 장기간의 지원과 지속적인 노력이 필요하다.

- 树：种植，栽培。
- 形容培养人才是长期而艰巨的事。
- 常与‘十年树木’搭配使用。

:: **유의어** :: 百载树人(bǎi zǎi shù rén)

:: **어 법** :: 일반적으로 문장에서 목적어(宾语), 관형어(定语), 단문(分句)으로 사용됨.

:: **예 문** ::

(1) 北京大学已经有百年历史，正所谓十年树木，百年树人，今日的成果是几代人共同努力得来的。

(2) 我总觉得百年树人的教育文化工作，乃是最有意义的工作。

(3) 十年树木，百年树人，要培养出一个人才需要国家，家庭，个人三者共同的努力。

12 黄金时间(huáng jīn shí jiān)

설명_ 가장 좋은 시간 또는 시기.

- 指一天中，听广播或看电视的人数最多的时间，常常指晚上七八点钟。
- 形容最好的时间。
- 含褒义。

::어 법:: 일반적으로 문장에서 목적어(宾语), 관형어(定语), 부사어(壮语)로 사용됨.

::예 문::

(1) 早上八点钟是锻炼身体的黄金时间。

(2) 黄金时间的广告费是最贵的。

(3) 一般黄金时间播出的连续剧最受欢迎，收视率也最高。

실·용·회·화

A：你看小王每天披星戴月地工作，整个人像长在公司了一样。

B：今天的小王是副总，不可同日耳语啦。

A：那我们是不是也要向他学习一下，毕竟才三十，人说一寸光阴一寸金嘛。

B：这样几年下来，他们也得对我们刮目相看了。

A：上海这几年经济发展可谓日新月异。

B：可不是！你看看房价就知道了。

A：哎，我们年轻那会儿，都是公家分房，就是商品房，哪儿像现在这么贵啊？

B：听说这和百年不遇的经济危机有关。

A：也许吧。

A：你怎么还没起床啊，二十岁是人生的黄金时间，要每分每秒地学习。

B：为什么要学习？我天天都在学，还是不会说汉语。

A：你这孩子，学习是件长年累月的事，哪能那么快就见效的？

B：好，起床学习，好好学习，天天向上。

第二课

四季与景物

01 春光明媚(chūn guāng míng mèi)

설명_ 봄날의 아름다운 경치.

- 明媚：美好，可爱。
- 形容春天的景色很美好。
- 含褒义。

:: **유의어** :: 春暖花开(chūn nuǎn huā kāi)

:: **반의어** :: 天寒地冻(tiān hán dì dòng)

:: **어 법** :: 일반적으로 문장에서 술어(谓语), 관형어(定语)로 사용됨.

:: **예 문** ::

(1) 外面正春光明媚，为什么不去公园走走呢?

(2) 春光明媚的大好日子，我们去郊游吧。

02 春去秋来(chūn qù qiū lái)

설명_ 시간, 세월이 빨리 지나감.

- 指春天过去，秋天到来。
- 形容时光流逝。

::어　법:: 일반적으로 문장에서 단문(分句)으로 사용됨.

::예　문::

(1) 春去秋来，我觉得自己真的老了。

(2) 春去秋来，花开花谢，人生就这样年复一年地过去。

03 电闪雷鸣(diàn shǎn léi míng)

설명_ 천둥번개가 치다. 또는 신속 정확하다.

- 指闪电飞光，雷声轰鸣。
- 也形容快速有力。

:: **반의어** :: 晴空万里(qíng kōng wàn lǐ)

:: **어 법** :: 일반적으로 문장에서 술어(谓语)와 부사어(状语)로 사용됨.

:: **예 문** ::

(1) 外面电闪雷鸣的，哎，你路上要小心哪!

(2) 他电闪雷鸣般地完成了任务。

04 秋高气爽(qiū gāo qì shuǎng)

설명_ 가을 날씨가 청명하고 시원하다.

- 形容秋天晴空万里，天气清爽。
- 含褒义。

:: 유의어 :: 秋色宜人(qiū sè yí rén)

:: 반의어 :: 春雨绵绵(chūn yǔ mián mián)

:: 어 법 :: 일반적으로 문장에서 술어(谓语)로 사용됨.

:: 예 문 ::

(1) 北京最近秋高气爽，人们的户外活动也多起来了。

(2) 外面秋高气爽，此时让我又想起了几年前的这个季节游威海的景象。

05 百花齐放(bǎi huā qí fàng)

설명_ 다른 형식과 스타일을 가진 각종 예술 장르가 자유로이 발전하다.

- 指百花盛开的景象。
- 形容各种不同形式和风格的艺术自由发展。

:: **유의어** :: 万紫千红(wàn zǐ qiān hóng)

:: **반의어** :: 残花败柳(cán huā bài liǔ)

:: **어 법** :: 일반적으로 문장에서 주어(主语), 단문(分句), 목적어(宾语)로 사용됨.

:: **예 문** ::

(1) 百花齐放是好现象，我们要热烈支持。

(2) 美术展览会上展出了许多新作品，百花齐放，风格不同。

(3) 这几年艺术界景象繁荣，真可谓百花齐放啊！

06 花香鸟语(huā xiāng niǎo yǔ)

설명_ 아름다운 봄날의 경치.

- 鸟语：鸟的叫声。
- 形容春天动人的景象。
- 含褒义。

:: **유의어** :: 山清水秀(shān qīng shuǐ xiù)

:: **반의어** :: 穷乡僻壤(qióng xiāng pì rǎng)

:: **어 법** :: 일반적으로 문장에서 관형어(定语)와 목적어(宾语)로 사용됨.

:: **예 문** ::

(1) 这是个鸟语花香的地方。

(2) 这个地方真是鸟语花香，让人感觉到夏天的脚步向我们走来了。

07 风和日丽(fēng hé rì lì)

설명_ 날씨가 화창하다.

- 风和：微风吹来。
- 日丽：阳光灿烂。
- 形容晴朗暖和的天气。
- 含褒义。

:: **유의어** :: 风柔日暖(fēng róu rì nuǎn)

:: **반의어** :: 风雨交加(fēng yǔ jiāo jiā)

:: **어 법** :: 일반적으로 문장에서 술어(谓语), 관형어(定语), 단문(分句)으로 사용됨.

:: **예 문** ::

(1) 青岛近来风和日丽，气温回升。

(2) 今天是个风和日丽的好天气，我们班同学都同意一起去郊游。

(3) 车窗外的风景很美，风和日丽，真好!

08 山清水秀(shān qīng shuǐ xiù)

설명_ 산 좋고 물 맑다.

- 山光明媚，水色秀丽。
- 形容山水风景优美。

:: **유의어** :: 山明水秀(shān míng shuǐ xiù)

:: **반의어** :: 穷山恶水(qióng shān è shuǐ)

:: **어　법** :: 일반적으로 문장에서 술어(谓语), 관형어(定语)로 사용됨.

:: **예　문** ::

(1) 这里山清水秀，为什么不在这儿买套房子呢?

(2) 我的家乡是个山清水秀的好地方。

09 郁郁葱葱(yù yù cōng cōng)

설명_ 초목이 짙푸르고 무성(茂盛)하다.

- 郁郁：文采兴盛、香气浓盛。
- 葱葱：草木生长茂盛，充满生机。
- 含褒义。

:: **유의어** :: 郁郁苍苍(yù yù cāng cāng)

:: **반의어** :: 不毛之地(bù máo zhī dì)

:: **어 법** :: 일반적으로 문장에서 보어(补语)와 관형어(定语)로 사용됨.

:: **예 문** ::

(1) 这些桃树长得郁郁葱葱。

(2) 远处是一片郁郁葱葱的森林。

10 鹅毛大雪(é máo dà xuě)

설명_ 함박눈.

▸ 指像鹅毛一样大的雪花。

▸ 形容雪下得大而猛。

:: 어 법 :: 일반적으로 문장에서 목적어(宾语)로 사용됨.

:: 예 문 ::

(1) 阴了一整天，傍晚时飘起了鹅毛大雪。

(2) 今天下了一场鹅毛大雪。

11 冰天雪地(bīng tiān xuě dì)

설명_ 얼음과 눈으로 뒤덮이다.

▸ 形容到处是冰雪，天气寒冷。

::**유의어**:: 天寒地冻(tiān hán dì dòng)

::**반의어**:: 大地回春(dà dì huí chūn)

::**어 법**:: 일반적으로 문장에서 관형어(定语), 술어(谓语), 목적어(宾语)로 사용됨.

::**예 문**::

(1) 你看过冰天雪地的哈尔滨吗?

(2) 屋外冰天雪地，屋内却春暖花开。

(3) 东北的三月还是冰天雪地的，可是这里已经一片春色了。

12 四季如春(sì jì rú chūn)

설명_ 사계절이 봄과 같다.

- 如：像。
- 形容一年四季都像春天一样暖和。

::어 법:: 일반적으로 문장에서 술어(谓语)와 관형어(定语)로 사용됨.

::예 문::

(1) 这里一年四季如春，是个养生的好地方。

(2) 昆明是座四季如春的城市。

실·용·회·화

A：看，外面风和日丽的，我们出去走走吧。

B：是啊，春天正是百花齐放、鸟语花香的季节。

A：所以啊，别浪费了这大好春光，走吧！

A：春去秋来，又是一年啊。

B：怎么？又在触景生情了？

A：那可不！你看那丛树，昨天还郁郁葱葱的，今天一场秋风就这么黄了。

B：得了吧，快点工作吧，让经理看见你对着窗外发呆，这个月奖金又没了。

第三课

人生与事理

01 酸甜苦辣(suān tián kǔ là)

설명_ 세상의 모진 고난과 고통.

- 指各种味道。
- 形容人生欢乐、痛苦等各种遭遇。

:: **유의어** :: 悲欢离合(bēi huān lí hé)

:: **반의어** :: 四大皆空(sì dà jiē kōng)

:: **어 법** :: 일반적으로 문장에서 주어(主语)와 목적어(宾语)로 사용됨.

:: **예 문** ::

(1) 人生的酸甜苦辣都值得好好品味。

(2) 在外地打工的日子里，他尝尽了其中的酸甜苦辣。

02 宠辱不惊(chǒng rǔ bù jīng)

설명_ 이해득실에 마음을 두지 않다.

- 指受宠和受辱都不在乎。
- 形容不因为个人得到或失去什么，而有情绪变化。
- 含褒义。

:: **유의어** :: 置之度外(zhì zhī dù wài)

:: **반의어** :: 患得患失(huàn dé huàn shī)

:: **어 법** :: 일반적으로 문장에서 술어(谓语)와 관형어(定语)로 사용됨.

:: **예 문** ::

(1) 在人生最得意的时候，她宠辱不惊，表现相当淡定、自然。

(2) 他比赛经验丰富，心态稳定，已经达到宠辱不惊的地步了。

03 好事多磨(hǎo shì duō mó)

설명_ 좋은 일에는 방해가 많기 마련이다.

- 磨：阻碍，困难。
- 形容在出现好的结果前，经历了很多困难。
- 含褒义。

:: **유의어** :: 好梦难成(hǎo mèng nán chéng)

:: **반의어** :: 一帆风顺(yì fān fēng shùn)

:: **어　법** :: 多用作宾语

:: **예　문** ::

(1) 他们俩好事多磨，现在终于走到了一起。

(2) 哪知好事多磨，遇到了这么多问题。

04 拔苗助长(bá miáo zhù zhǎng)

설명_ 객관적인 규칙을 어기고 인위적으로 관여하여 그르치게 되다.

- 指把苗拔起来为了帮助它快速生长。
- 形容不切实际地办事，却没达到想要的效果。
- 含贬义。

:: **유의어** :: 急功近利(jí gōng jìn lì)

:: **반의어** :: 水到渠成(shuǐ dào qú chéng)

:: **어 법** :: 일반적으로 문장에서 술어(谓语), 목적어(宾语), 관형어(定语)로 사용됨.

:: **예 문** ::

(1) 不少教练员拔苗助长，随意改变运动员的训练计划。

(2) 人做事不能拔苗助长。

(3) 家长让孩子过早地学习英语，就等于使用了拔苗助长的方法。

05 塞翁失马(sài wēng shī mǎ)

설명_ 나쁜 일은 좋은 일로 바뀔 수 있다.

- 塞：边界险要之处。
- 翁：老人。
- 形容虽然现在受到损失，也许后来情况会发生好转。
- 常与‘焉知非福’搭配使用。
- 用于安慰语。

:: **유의어** :: 因祸得福(yīn huò dé fú)

:: **반의어** :: 因福得祸(yīn fú dé huò)

:: **어　법** :: 일반적으로 문장에서 목적어(宾语)와 단문(分句)으로 사용됨.

:: **예　문** ::

(1) 每次失败，我总安慰自己塞翁失马，别伤心，一切重新开始。

(2) 本来到了这么个小单位有些委屈他了，但塞翁失马，他很快受到领导的重视，当上科长了。

(3) 最近人事调整，小王被调到了基层单位，但塞翁失马，焉知非福?

06 弱肉强食(ruò ròu qiáng shí)

설명_ 생존경쟁이 매우 치열하다.

- 原指动物中弱者被强者吞食。
- 形容弱的被强的吞并。
- 含贬义。

::**유의어**:: 仗势欺人(zhàng shì qī rén)

::**반의어**:: 和平共处(hé píng gòng chǔ)

::**어　법**:: 일반적으로 문장에서 술어(谓语), 관형어(定语), 목적어(宾语)로 사용됨.

::**예　문**::

(1) 现在各企业间弱肉强食，剩下的都是经济效益比较好的。

(2) 在这样弱肉强食的情况下，生活是很艰难的。

(3) 大自然的规律是弱肉强食。

07 万变不离其宗
(wàn biàn bù lí qí zōng)

설명_ 비록 형식상의 변화는 매우 많더라도, 그 본질이나 목적은 변하지 않는다.

- 其：它，它的。
- 宗：目的。
- 形容尽管形式上变化很多，但是本质或目的不变。

:: **유의어** :: 换汤不换药(huàn tāng bú huàn yào)

:: **반의어** :: 千变万化(qiān biàn wàn huà)

:: **어 법** :: 일반적으로 문장에서 목적어(宾语)와, 단문(分句)으로 사용됨.

:: **예 문** ::

(1) 传统节日文化应该万变不离其宗。

(2) 每年的考试题都不一样，但是万变不离其宗，变来变去还是书本上的知识。

08 习惯成自然
(xí guàn chéng zì rán)

설명_ 습관 되면 자연스러운 것으로 된다.

▸ 形容习惯了就成为很自然的事了。

:: **유의어** :: 习与性成(xí yǔ xìng chéng)

:: **어　법** :: 일반적으로 문장에서 부사어(壮语)와 단문(分句)으로 사용됨.

:: **예　문** ::

(1) 从政府官员到普通百姓，对这种方式竟也习惯成自然地予以认同。

(2) 不少青少年因为经常处在某种噪声中，习惯成自然，已经适应了这种不良的生活环境。

09 天下乌鸦一般黑

(tiān xià wū yā yì bān hēi)

설명_ 지역을 막론하고 세상의 악인은 모두 다 나쁘다.

- 形容坏现象在任何地方都是一样地坏。
- 含贬义。

::어 법:: 일반적으로 문장에서 목적어(宾语), 관형어(定语), 단문(分句)으로 사용됨.

::예 문::

(1) 不是天下乌鸦一般黑的，相信每个人都有属于自己的‘白乌鸦’。

(2) 这部电影最大的看点就是古代王朝的各种奇妙刑罚和天下乌鸦一般黑的原则。

(3) 天下乌鸦一般黑，天下男人也一样，你不用伤心了。

10 知人知面不知心
(zhī rén zhī miàn bù zhī xīn)

설명_ 열 길 물속은 알아도 한 길 사람의 속은 모르다.

- 形容认识一个人容易，但要了解一个人的内心却很难。
- 常用于贬义。

::어 법:: 일반적으로 문장에서 목적어(宾语)와 단문(分句)으로 사용됨.

::예 문::

(1) 这么好朋友也会出卖他，真是知人知面不知心。

(2) 知人知面不知心，到一个陌生的地方千万别轻易相信别人。

11 精诚所至(jīng chéng suǒ zhì)

설명_ 지성이면 감천이다.

- 精诚：至诚、诚心诚意。
- 至：到达。
- 形容自己非常真诚就会得到对方的真诚。
- 常与‘金石为开’搭配使用。
- 含褒义。

:: **유의어** :: 精诚团结(jīng chéng tuán jié)

:: **어 법** :: 일반적으로 문장에서 술어(谓语), 목적어(宾语), 단문(分句)으로 사용됨.

:: **예 문** ::

(1) 不是所有的东西都精诚所至，金石为开，特别是爱情，特别是当对方根本不爱你的时候，无论是亲情或友情，都难以转化为爱情。

(2) 我的心好痛，一整夜都在想她，第一次为一个女人哭，对她我是真的用了心，我一直认为精诚所至，但到现在我觉得金石是不会开了。

(3) 过去的社会，精诚所至，金石为开；现在的社会，金石所至，精诚为开！

12 谋事在人(móu shì zài rén)

설명_ 일을 계획하는 것은 사람에게 달려있다.

- 谋：谋划。
- 形容根据个人的能力谋划事情，为了成功。
- 常与‘成事在天’搭配使用。

::**유의어**:: 事在人为(shì zài rén wéi)

::**반의어**:: 听天由命(tīng tiān yóu mìng)

::**어 법**:: 일반적으로 문장에서 목적어(宾语), 관형어(定语), 단문(分句)으로 사용됨.

::**예 문**::

(1) 看到此情此景，真是应了谋事在人，成事在天哪。

(2) 他终于平静地接受了自己的命运，只留下谋事在人，成事在天的感慨。

(3) 想的是好好的，出来的结果却这么糟，谋事在人，成事在天哪。

실·용·회·화

A：这么多年没见，你过得怎么样?

B：还好，毕业后，工作了几年，不顺心，就出国读博了，后来就定居国外了。

A：看来好事多磨啊。

B：是呀。这几年所有的酸甜苦辣都尝到了。

A：这就是人生吧。有得有失，才觉得有滋味儿。

A：小王，你的工作找得怎么样了?

B：正找呢，谋事在人，成事在天吧。

A：不能这种态度呀，要知道精诚所至，金石为开嘛!

B：你说得对，我要加油!

第四课

青春与立志

01 豆蔻年华(dòu kòu nián huá)

설명_ 여성의 꽃다운 나이.

- 豆蔻：原指多年生草本植物。
- 形容十三四岁的少女。
- 含褒义。

:: **유의어** :: 黄金时代(huáng jīn shí dài)

:: **반의어** :: 人老珠黄(rén lǎo zhū huáng)

:: **어　법** :: 일반적으로 문장에서 주어(主语), 목적어(宾语), 관형어(定语)로 사용됨.

:: **예　문** ::

(1) 豆蔻年华总会过去，只希望那段时间中美好的东西会留在记忆里。

(2) 我们总感慨自己的豆蔻年华，青春岁月。

(3) 这本小说真实地写出了正值豆蔻年华的少女的心思。

02 女大十八变(nǚ dà shí bā biàn)

설명_ 여자는 성인이 될 때까지 여러 번 겉모습이 바뀐다.

▸ 女子在发育成长过程中，容貌性格有较多的变化。

::어 법:: 일반적으로 문장에서 목적어(宾语)와 단문(分句)으로 사용됨.

::예 문::

(1) 上海近年来的变化如同女大十八变，越变越好看。

(2) 你要不说，我还真认不出来是她呢，女大十八变哪!

03 白手起家(bái shǒu qǐ jiā)

설명_ 자수성가하다.

- 白手：空手。
- 起家：创建家业。
- 形容在没有基础和条件很差的情况下自力更生，艰苦创业。
- 常用于褒义。

:: **유의어** :: 自力更生(zì lì gēng shēng)

:: **반의어** :: 寄人篱下(jì rén lí xià)

:: **어　법** :: 일반적으로 문장에서 술어(谓语), 관형어(定语), 부사어(状语), 목적어(宾语)로 사용됨.

:: **예　문** ::

(1) 李嘉诚在贫穷家庭中长大，没有资金，没有背景，完全白手起家。

(2) 现在，白手起家的女富豪越来越多了。

(3) 他大学毕业后，白手起家创建了有名的IT公司。

(4) 韩国现代集团属于白手起家。

04 重整旗鼓(chóng zhěng qí gǔ)

설명_ 실패 후 힘을 모아 재기하다.

- 整：整顿。
- 形容失败之后，整顿力量，准备再次去做。
- 常用于褒义。

:: **유의어** :: 东山再起(dōng shān zài qǐ)

:: **반의어** :: 一蹶不振(yì jué bú zhèn)

:: **어 법** :: 일반적으로 문장에서 술어(谓语), 목적어(宾语), 관형어(定语), 부사어(壮语)로 사용됨.

:: **예 문** ::

(1) 在张教练的带领下，上海队重整旗鼓，终于赢得了比赛。

(2) 他回到公司决定重整旗鼓，并大胆地做出了组织改革。

(3) 失败并不可怕，如果一个人有重整旗鼓的信心，就一定会成功。

(4) 威灵顿(Wellington)失败而不气馁，重整旗鼓打垮拿破仑。

05 出类拔萃(chū lèi bá cuì)

설명_ 같은 무리에서 가장 뛰어나다.

- 类：同类。
- 拔：超出。
- 萃：草丛生的样子。
- 形容人的品德才能超过了其他的人。
- 含褒义。

:: **유의어** :: 鹤立鸡群(hè lì jī qún)

:: **반의어** :: 碌碌无为(lù lù wú wéi)

:: **어　법** :: 일반적으로 문장에서 술어(谓语), 목적어(宾语), 관형어(定语)로 사용됨.

:: **예　문** ::

(1) 在她的几个备选男友中，小王的条件确实出类拔萃。

(2) 小王名牌大学毕业，在这个小单位，更加显得出类拔萃了。

(3) 他是个出类拔萃的大学生。

06 奋发图强(fèn fā tú qiáng)

설명_ 분발하여 발전을 꾀하다.

- 图：谋求。
- 形容振作精神，为了以后更好地发展。
- 含褒义。

:: **유의어** :: 发愤图强(fā fèn tú qiáng)

:: **반의어** :: 自暴自弃(zì bào zì qì)

:: **어 법** :: 일반적으로 문장에서 술어(谓语), 목적어(宾语), 관형어(定语)로 사용됨.

:: **예 문** ::

(1) 他奋发图强，勤练篮球，终于在残奥会上夺得了冠军。

(2) 我们要学会改变自己，就需要奋发图强。

(3) 一个人要立足于社会，要成为顶天立地的男子汉，靠的是什么，靠的就是这种奋发图强的精神。

07 平步青云(píng bù qīng yún)

설명_ 짧은 시간에 높은 지위나 수준에 오르다.

- 平：平稳。
- 青云：高空。
- 形容人一下子升到了很高的地位。
- 多用于祝辞。

:: **유의어** :: 一步登天(yí bù dēng tiān)

:: **반의어** :: 一落千丈(yí luò qiān zhàng)

:: **어 법** :: 일반적으로 문장에서 단문(分句), 관형어(定语), 부사어(状语)로 사용됨.

:: **예 문** ::

(1) 祝你事业发展顺利，将来平步青云!

(2) 一个人平步青云的机会并不多，关键在于你是否能够把握。

(3) 他终于考上了名牌大学，也平步青云地挤进了上流社会，且在政界越来越有名起来。

08 勤能补拙(qín néng bǔ zhuō)

설명_ 부지런히 노력하면 부족한 부분을 극복할 수 있다.

- 勤：勤奋，勤劳。
- 拙：笨拙，指不足。
- 指勤奋能够弥补不足。
- 形容只要努力就能达到想要的结果。
- 含褒义。

:: **유의어** :: 笨鸟先飞(bèn niǎo xiān fēi)

:: **반의어** :: 知难而退(zhī nán ér tuì)

:: **어 법** :: 일반적으로 문장에서 단문(分句)과 목적어(宾语)로 사용됨.

:: **예 문** ::

(1) 学习汉语关键是坚持，勤能补拙。

(2) 每天都学习三个小时的外语，我坚信勤能补拙。

09 水滴石穿(shuǐ dī shí chuān)

설명_ 꾸준히 노력을 하면 반드시 성공한다.

- 穿：穿透。
- 指水不停地滴，石头也能被滴穿。
- 形容只要有恒心，不断努力，一个人一定能够成功。
- 含褒义。

:: **유의어** :: 磨杵成针(mó chǔ chéng zhēn)

:: **반의어** :: 虎头蛇尾(hǔ tóu shé wěi)

:: **어 법** :: 일반적으로 문장에서 관형어(定语)와 단문(分句)으로 사용됨.

:: **예 문** ::

(1) 水滴石穿的精神，能让一个人做任何事都会成功。

(2) 水滴石穿，你现在这么努力，早晚会成功的。

10 一鸣惊人(yì míng jīng rén)

설명_ 평소에는 별다른 활약이 없으나 한번 했다 하면 놀랄 만한 성과를 거두다.

- 鸣：鸟叫。
- 指一叫就使人震惊。
- 形容平时没有突出的表现，一下子做出惊人的成绩。
- 常与‘不鸣则已’搭配使用。
- 常用于褒义。

:: **유의어** :: 一举成名(yì jǔ chéng míng)

:: **반의어** :: 臭名远扬(chòu míng yuǎn yáng)

:: **어 법** :: 일반적으로 문장에서 술어(谓语)와 관형어(定语)로 사용됨.

:: **예 문** ::

(1) 韩国足球队一鸣惊人，给观众带来一个又一个惊喜。

(2) 一个人一旦爆发出他的潜能，你可能为之震惊，小王应该是那种不鸣则已，一鸣惊人的人。

11 出人头地(chū rén tóu dì)

설명_ 보통사람보다 뛰어나다.

- 头：高一头。
- 指比别人高出一等。
- 形容比别人有才华或成就比别人突出。

::**유의어**:: 高人一等(gāo rén yì děng)

::**반의어**:: 庸庸碌碌(yōng yōng lù lù)

::**어　법**:: 일반적으로 문장에서 술어(谓语), 목적어(宾语), 관형어(定语)로 사용됨.

::**예　문**::

(1) 你出人头地了，我却一直这么平凡。

(2) 若就此耽误下去，一辈子也别想出人头地!

(3) 这是一次出人头地的机会，你要珍惜。

12 天下无难事，只怕有心人
(tiān xià wú nán shì，zhǐ pà yǒu xīn rén)

설명_ 세상에 어려운 일이 없고, 노력하면 된다.

- 形容只要有志向，有毅力，没有什么办不到的事情。
- 含褒义。

:: **유의어** :: 有志者事竟成(yǒu zhì zhě shì jìng chéng)

:: **반의어** :: 半途而废(bàn tú ér fèi)

:: **어 법** :: 일반적으로 문장에서 단문(分句)과 목적어(宾语)으로 사용됨.

:: **예 문** ::

(1) 天下无难事，只怕有心人，只要努力了，没有做不到的事。

(2) 汉语并不难，天下无难事，只怕有心人。

(3) 有梦想就要努力实现，坚信天下无难事，只怕有心人。

실·용·회·화

A：最近见你出入图书馆，干吗这么用功啊?

B：没办法啊，要考试了，笨鸟先飞，勤能补拙啊。

A：拉倒吧，谁不知道你很聪明。

B：别夸我了。我是上次考试没考好，这次打算重整旗鼓，全部拿A。

A：那祝你这次考试能够一鸣惊人。

A：听说新郎是个大夫，在同龄人中是个出类拔萃的小伙子。

B：新娘也不错呢，听说当年白手起家，现在可是房地产界的名人呢。

A：这么说这两个人真是天生的一对儿啊。

第五课 读书与奋斗

01 百尺竿头，更进一步
(bǎi chǐ gān tóu, gèng jìn yí bù)

설명_ 비록 큰 성공을 이루었지만 더욱더 노력해야 한다.

- 1尺等于10寸，约33.3cm。
- 竿：竹竿。
- 百尺竿头：百尺长竿子的顶端。形容学问、事业有很高的成就。
- 形容虽然已达到很高的境地，但不能满足，仍然需要努力，才能达到更高的地位。
- 含褒义。

::유의어:: 再接再厉(zài jiē zài lì)

::반의어:: 得过且过(dé guò qiě guò)

::어　법:: 일반적으로 문장에서 술어(谓语)와 목적어(宾语)로 사용됨.

::예　문::

(1) 祝你在学习方面百尺竿头，更进一步!

(2) 只有不断努力，才能百尺竿头，更进一步。

02 冰冻三尺，非一日之寒
(bīng dòng sān chǐ, fēi yí rì zhī hán)

설명_ 결과, 성과는 긴 시간을 거쳐 만들어 진 것이다.

- 非：不是。
- 指冰冻三尺，不是一天的寒冷可以凝成的。
- 形容事物所达到的程度，是经过日积月累而逐渐形成的。
- 也指严重的情况。

:: **유의어** :: 滴水穿石(dī shuǐ chuān shí)

:: **반의어** :: 浅尝辄止(qiǎn cháng zhé zhǐ)

:: **어 법** :: 일반적으로 문장에서 단문(分句)으로 사용됨.

:: **예 문** ::

(1) 冰冻三尺，非一日之寒，情况坏到如此，也不是一个人，两个人的错。

(2) 十年台下的苦练，终于迎来此刻台上的惊喜，冰冻三尺，非一日之寒哪。

03 博古通今(bó gǔ tōng jīn)

설명_ 지식이 해박하다.

- 通：通晓。
- 博：广博，知道得多。
- 形容对古代和现代的事都知道得很多。
- 用于赞扬人有学识。
- 含褒义。

::유의어:: 见多识广(jiàn duō shí guǎng)

::반의어:: 孤陋寡闻(gū lòu guǎ wén)

::어 법:: 일반적으로 문장에서 술어(谓语)와 관형어(定语)로 사용됨.

::예 문::

(1) 这位老教授博古通今，是当今的学术泰斗。

(2) 她是一位博古通今的才女。

04 才高八斗(cái gāo bā dǒu)

설명_ 재능, 학식이 매우 뛰어나다.

- 才：才华。
- 斗：容量单位，10升等于1斗，10斗等于1石。
- 形容人很有才华。
- 含褒义。

::유의어:: 才华横溢(cái huá héng yì)

::반의어:: 才疏学浅(cái shū xué qiǎn)

::어 법:: 일반적으로 문장에서 술어(谓语)와 관형어(定语)로 사용됨.

::예 문::

(1) 这人虽然才高八斗，可是脾气却不太好。

(2) 才高八斗的老先生往往都有些古怪。

05 成竹在胸(chéng zhú zài xiōng)

설명_ 일을 하기 전에 이미 전체적인 계획이 있다.

- 成竹：现成完整的竹子。
- 指画竹子以前，竹的全貌已经在脑中有了。
- 形容在做事之前已经有了想法。
- 含褒义。

:: 유의어 :: 信心百倍(xìn xīn bǎi bèi)

:: 반의어 :: 浅尝辄止(qiǎn cháng zhé zhǐ)

:: 어　법 :: 일반적으로 문장에서 술어(谓语)와 관형어(定语)로 사용됨.

:: 예　문 ::

(1) 他早已成竹在胸，按照自己的想法一步一步地实现着理想。

(2) 考试前大家都很紧张，可是他很从容，一副成竹在胸的样子。

06 废寝忘食(fèi qǐn wàng shí)

설명_ 자는 것 먹는 것을 뒤로하고 노력하다.

- 废:停止。
- 废寝：顾不得睡觉。
- 忘食：忘记了吃饭。
- 形容专心努力的样子。
- 含褒义。

:: **유의어** :: 夜以继日(yè yǐ jì rì)

:: **반의어** :: 游手好闲(yóu shǒu hào xián)

:: **어 법** :: 일반적으로 문장에서 술어(谓语), 관형어(定语), 부사어(状语)로 사용됨.

:: **예 문** ::

(1) 为了完成任务，他常常废寝忘食，这样的员工到哪儿找啊?

(2) 为了工作或学习废寝忘食的人很少，可他为了玩也能废寝忘食，像他这类的人更少吧。

(3) 我们都要加油！我要废寝忘食地加班，你要废寝忘食地谈恋爱。

07 汗牛充栋(hàn niú chōng dòng)

설명_ 장서(藏書)가 매우 많다.

- 汗牛：搬书时牛累得出汗。
- 充栋：存放时可堆至屋顶。
- 形容藏书非常多。
- 含褒义。

:: **유의어** :: 不计其数(bú jì qí shù)

:: **반의어** :: 寥寥无几(liáo liáo wú jǐ)

:: **어 법** :: 일반적으로 문장에서 술어(谓语), 관형어(定语)로 사용됨.

:: **예 문** ::

(1) 文教授研究室的藏书汗牛充栋，简直就是一个小型图书馆。

(2) 同学们，你家书柜里的藏书是否达到了汗牛充栋的水平?

08 开卷有益(kāi juàn yǒu yì)

설명_ 책을 읽는 것은 많은 도움이 된다.

- 开卷：打开书本，读书。
- 益：好处。
- 形容读书有好处。

:: **유의어** :: 开卷有得(kāi juàn yǒu dé)

:: **반의어** :: 读书无用(dú shū wú yòng)

:: **어 법** :: 일반적으로 문장에서 목적어(宾语)와 단문(分句)으로 사용됨.

:: **예 문** ::

(1) 我奉献给今天的大学生们一句话：开卷有益。请大家多多读书吧。

(2) 多读书，总是件好事，开卷有益嘛。

09 温故知新(wēn gù zhī xīn)

설명_ 옛 것을 익히고 그것을 통해 새로운 것을 깨닫다.

- 温：温习。
- 故：旧的。
- 形容温习旧的知识，得到新的理解。

::**유의어**:: 忆苦思甜(yì kǔ sī tián)

::**반의어**:: 数典忘祖(shǔ diǎn wàng zǔ)

::**어　법**:: 일반적으로 문장에서 주어(主语)와 목적어(宾语)로 사용됨.

::**예　문**::

(1) 温故知新是学习外语的重要方法。

(2) 自从他学汉语以来，每天都能做到温故知新，到现在已经有了很大的进步。

10 学无止境(xué wú zhǐ jìng)

설명_ 배움에는 끝이 없다.

- 境：境地, 地方。
- 形容学业上是没有尽头的, 应该不停学习。

:: **유의어** :: 活到老, 学到老。(huó dào lǎo, xué dào lǎo)

:: **어 법** :: 일반적으로 문장에서 단문(分句)과 술어(谓语)로 사용됨.

:: **예 문** ::

(1) 学无止境, 面对当今时代, 要学习, 学习, 再学习。

(2) 人生学无止境, 任何时候都应该抓紧时间去学习。

11 咬文嚼字(yǎo wén jiáo zì)

설명_ 오로지 글귀만 파고들고 본질은 파악하려 하지 않는다.

- 形容过分地看重字句。
- 含贬义。

::**유의어**:: 字斟句酌(zì zhēn jù zhuó)

::**반의어**:: 走马观花(zǒu mǎ guān huā)

::**어 법**:: 일반적으로 문장에서 술어(谓语), 관형어(定语), 부사어(状语)로 사용됨.

::**예 문**::

(1) 他在朋友面前说话也咬文嚼字的，大家很讨厌这一点。

(2) 她是学语言的，是个咬文嚼字的人。

(3) 她咬文嚼字地问：'文学和语言有什么差别吗?'

12 博闻强识(bó wén qiáng zhì)

설명_ 박학다식하고 잘 기억하다.

- 闻：见闻。
- 识：记住。
- 用于称颂知识丰富的人。
- 含褒义。

:: **유의어** :: 博古通今(bó gǔ tōng jīn)

:: **반의어** :: 孤陋寡闻(gū lòu guǎ wén)

:: **어　법** :: 일반적으로 문장에서 단문(分句)과 관형어(定语)로 사용됨.

:: **예　문** ::

(1) 她是聪明的女人，博闻强识，应变力强，如果由她组织这次行动，应该比老王更出色。

(2) 爸爸给他起名叫‘博强’，也就是希望他将来成为一个博闻强识的人。

실·용·회·화

A：今天看到一个七十多岁的老头儿在学外语。

B：吃饱了撑的。

A：怎么能这么说呢？你没听说“活到老，学到老”吗？学无止境的。

B：难怪你每天废寝忘食地学习呢。

A：哪了！总之，开卷有益，多读书就对了。

A：张老师不愧为北大的牛人哪!

B：是呀，你看他博古通今，真让人羡慕。

A：听说他家的藏书整整两屋子，可谓汗牛充栋啊。

第六课

心情与表情

01 心花怒放(xīn huā nù fàng)

설명_ 무척 기쁘다.

- 怒放：盛开。
- 指心里高兴得象花儿开了一样。
- 形容非常高兴。
- 含褒义。

:: **유의어** :: 兴高采烈(xìng gāo cǎi liè)

:: **반의어** :: 黯然销魂(àn rán xiāo hún)

:: **어 법** :: 일반적으로 문장에서 술어(谓语)와 보어(补语) 사용됨.

:: **예 문** ::

(1) 听了这个消息，她顿时心花怒放起来。

(2) 听了儿子考上大学的消息，故乡的老妈更是乐得心花怒放。

02 称心如意(chèn xīn rú yì)

설명_ 마음에 꼭 들다.

- 称心：符合心愿。
- 形容心满意足，事情的发展完全符合心意。
- 含褒义。

:: **유의어** :: 心满意足(xīn mǎn yì zú)

:: **반의어** :: 大失所望(dà shī suǒ wàng)

:: **어 법** :: 일반적으로 문장에서 술어(谓语), 목적어(宾语), 관형어(定语)로 사용됨.

:: **예 문** ::

(1) 生活不能事事都称心如意。

(2) 想要称心如意就不要有自己想法，如果有自己的想法就得勇敢面对各种挑战。

(3) 一份称心如意的工作，不是那么容易找到的。

03 甘之如饴(gān zhī rú yí)

설명_ 어려움과 고통을 달게 받아들이다.

- 甘：甜。
- 饴：麦芽糖浆。
- 指感到象糖那样甜。
- 形容为了从事某种工作，甘愿承受痛苦。

:: **유의어** :: 心甘情愿(xīn gān qíng yuàn)

:: **반의어** :: 死不甘心(sǐ bù gān xīn)

:: **어 법** :: 일반적으로 문장에서 술어(谓语), 목적어(宾语), 관형어(定语)로 사용됨.

:: **예 문** ::

(1) 只要能和男朋友在一起，生活中有再大的困难，她也甘之如饴。

(2) 只要爱着你，就算是很辛苦，也觉得甘之如饴。

(3) 小王总是受人欢迎，跟他相处使人有甘之如饴的舒适感。

04 喜上眉梢(xǐ shàng méi shāo)

설명_ 희색이 만연하다.

- 眉梢：眉毛的末端。
- 指高兴的心情从眉眼上表现出来。
- 形容心情好。
- 常用于褒义。

:: **유의어** :: 喜气洋洋(xǐ qì yáng yáng)

:: **반의어** :: 愁眉苦脸(chóu méi kǔ liǎn)

:: **어 법** :: 일반적으로 문장에서 술어(谓语)로 사용됨.

:: **예 문** ::

(1) 听说儿子升职了，妈妈顿时喜上眉梢。

(2) 收到儿子寄来的鲜花，母亲立刻喜上眉梢。

05 捧腹大笑(pěng fù dà xiào)

설명_ 포복절도(抱腹絶倒)하다.

- 捧：用手托着。
- 指用手捧着肚子大笑。
- 形容遇到极可笑的事，大笑起来。

:: **유의어** :: 开怀大笑(kāi huái dà xiào)

:: **반의어** :: 放声大哭(fàng shēng dà kū)

:: **어　법** :: 일반적으로 문장에서 술어(谓语), 목적어(宾语), 관형어(定语)로 사용됨.

:: **예　문** ::

(1) 这段故事绝对令人捧腹大笑。

(2) 听了他的话，大家都开始捧腹大笑。

(3) 这就是令人捧腹大笑的故事背后，暗藏着种种玄机。

06 十万火急(shí wàn huǒ jí)

설명_ (일이) 매우 다급하다.

- 形容事情非常紧急。
- 多用于公文、电报等。

:: **유의어** :: 迫不及待(pò bù jí dài)

:: **반의어** :: 慢条斯理(màn tiáo sī lǐ)

:: **어　법** :: 일반적으로 문장에서 단문(分句)과 관형어(定语)로 사용됨.

:: **예　문** ::

(1) 各位朋友，帮我个忙，十万火急呀!

(2) 这是一项十万火急的任务。

07 热锅上的蚂蚁
(rè guō shang de mǎ yǐ)

설명_ 마음이 초조하고 불안하여 어찌할 바를 모르다.

- 指心里烦躁，坐立不安的样子。
- 形容着急的样子。

:: **유의어** :: 坐立不安(zuò lì bù ān)

:: **반의어** :: 心安理得(xīn ān lǐ dé)

:: **어 법** :: 일반적으로 문장에서 목적어(宾语)로 사용됨.

:: **예 문** ::

(1) 我就像热锅上的蚂蚁，在等着高考的分数。

(2) 这一天，他就同热锅上的蚂蚁，坐立不定。

08 愁眉不展(chóu méi bù zhǎn)

설명_ 근심 걱정에 잠기다.

- 展：舒展。
- 指由于忧愁而双眉紧锁。
- 形容很发愁的样子。

:: **유의어** :: 愁眉苦脸(chóu méi kǔ liǎn)

:: **반의어** :: 眉开眼笑(méi kāi yǎn xiào)

:: **어　법** :: 일반적으로 문장에서 술어(谓语), 관형어(定语), 부사어(状语)로 사용됨.

:: **예　문** ::

(1) 从医院回来后，他整天愁眉不展的。

(2) 他愁眉不展的样子，妈妈心疼地给他端来了一碗鸡汤。

(3) 他愁眉不展地把我拉到一边，说："可以借些钱给我吗？最近手头很紧。"

09 触景伤情(chù jǐng shāng qíng)

설명_ 어떤 상황을 보고 연상되는 바가 있어 마음이 동요(動搖)되다.

- 触：接触，指看到。
- 伤：悲哀。
- 形容被眼前的景物所触动而引起伤感。

:: **유의어** :: 触景生情(chù jǐng shēng qíng)

:: **반의어** :: 无动于衷(wú dòng yú zhōng)

:: **어 법** :: 일반적으로 문장에서 술어(谓语)와 목적어(宾语)로 사용됨.

:: **예 문** ::

(1) 一路上鸟语花香，他们触景伤情，想起了当年一起奋斗的日子。

(2) 每次回到自己的母校，我们都会触景伤情。

10 百感交集(bǎi gǎn jiāo jí)

설명_ 만감이 교차하다.

- 感：感想。
- 交：同时发生。
- 用于有许多感想不知如何表达的场合。

:: **유의어** :: 悲喜交集(bēi xǐ jiāo jí)

:: **반의어** :: 无动于衷(wú dòng yú zhōng)

:: **어 법** :: 일반적으로 문장에서 단문(分句)과 술어(谓语)로 사용됨.

:: **예 문** ::

(1) 今日终于回到了自己的老家，亲人相见，百感交集。

(2) 看着这一切，她心中不禁百感交集。

11 提心吊胆(tí xīn diào dǎn)

설명_ 매우 걱정되고 두렵다.

- 指心也提着，胆也吊着。
- 形容十分担心或害怕。
- 含贬义。

:: **유의어** :: 担惊受怕(dān jīng shòu pà)

:: **반의어** :: 谈笑自若(tán xiào zì ruò)

:: **어 법** :: 일반적으로 문장에서 술어(谓语)와 부사어(状语), 관형어(定语)로 사용됨.

:: **예 문** ::

(1) 听到小王住院的消息后，她一直提心吊胆的，活儿都干不好。

(2) 既要提心吊胆地躲避老虎，又要警觉长蛇的侵犯。

(3) 这种提心吊胆的日子，我过够了，我们去自首吧。

12 无可奈何(wú kě nài hé)

설명_ 어찌할 방법이 없다.

- 无可：不能，无法。
- 奈何：怎么办。
- 形容没有办法，只有这样了。

:: **유의어** :: 迫不得已(pò bù dé yǐ)

:: **반의어** :: 诚心诚意(chéng xīn chéng yì)

:: **어 법** :: 일반적으로 문장에서 술어(谓语), 목적어(宾语), 관형어(定语)로 사용됨.

:: **예 문** ::

(1) 既然你提出了分手，我也无可奈何，那就分吧。

(2) 经济危机的影响太大了，股民在此时显得无可奈何。

(3) 这样做，是无可奈何的选择。

실·용·회·화

A：昨天回了母校，看到原来的宿舍，真是百感交集。

B：是啊，人老了，就是容易触景伤情。

A：怎么？当时没留校工作，也是无可奈何的选择吧？

B：不想那么多了，都过去了。

A：听说最近股市大跌。

B：可不！没看我整天愁眉不展吗？

A：没事。过几天涨上来，你岂不马上喜上眉梢？

B：嗯，何止啊，我会心花怒放，手舞足蹈呢。

第七课

爱情与友情

01 志同道合(zhì tóng dào hé)

설명_ 서로 뜻이 같고 생각이 일치하다.

- 志：志向。
- 道：途径。
- 形容两个人志趣相同，意见一致。
- 含褒义。

:: **유의어** :: 情投意合(qíng tóu yì hé)

:: **반의어** :: 貌合神离(mào hé shén lí)

:: **어　법** :: 일반적으로 문장에서 술어(谓语), 목적어(宾语), 관형어(定语)로 사용됨.

:: **예　문** ::

(1) 夫妻俩志同道合，每天生活得甜甜蜜蜜的，很让人羡慕。

(2) 两人最开始虽然觉得志同道合，后来发现性格还是不和，最后只能分手。

(3) 志同道合的人来做朋友，是可遇不可求的。

02 亲密无间(qīn mì wú jiàn)

설명_ 두 사람의 관계가 매우 절친하다.

- 间：缝隙。
- 形容十分亲密。
- 含褒义。

:: **유의어** :: 情同手足(qíng tóng shǒu zú)

:: **반의어** :: 视同陌路(shì tóng mò lù)

:: **어 법** :: 일반적으로 문장에서 술어(谓语), 관형어(定语), 부사어(状语), 보어(补语)로 사용됨.

:: **예 문** ::

(1) 她们曾经亲密无间，现在却因为商业竞争成了敌人。

(2) 他们俩是亲密无间的朋友。

(3) 他拍到了小王陪女友亲密无间地逛街，并发在各大网站上。

(4) 两人和朋友一起在餐厅吃宵夜，席间表现得亲密无间。

03 才子佳人(cái zǐ jiā rén)

설명_ 재능이 뛰어난 남자와 아름다운 여자.

- 才子：有才气的男人。
- 佳人：容貌美丽的女子。
- 形容有才貌的青年男女或夫妻。
- 含褒义。

:: **유의어** :: 佳人才子(jiā rén cái zǐ)

:: **반의어** :: 棒打鸳鸯(bàng dǎ yuān yāng)

:: **어　법** :: 일반적으로 문장에서 관형어(定语)와 목적어(宾语)로 사용됨.

:: **예　문** ::

(1) 他们俩的结合，当时被视为才子佳人的典范。

(2) 这对新人可以说是一才子，一佳人，很般配。

04 夫唱妇随(fū chàng fù suí)

설명_ 부부 사이에 호흡이 맞다.

- 随：附和。
- 形容夫妻相处得很好。

:: 유의어 :: 男唱女随(nán chàng nǚ suí)

:: 반의어 :: 情同陌路(qíng tóng mò lù)

:: 어　법 :: 일반적으로 문장에서 술어(谓语)와 목적어(宾语)로 사용됨.

:: 예　문 ::

(1) 席间，小两口夫唱妇随，老两口看在眼中，舒服在心中。

(2) 这才是真正的夫唱妇随呢，瞧，小王和他的妻子正在快乐地演奏着他们的乐器。

05 海誓山盟(hǎi shì shān méng)

설명_ (남녀가) 영원한 사랑의 서약을 맺다.

- 誓：誓言。
- 盟：盟约。
- 指男女在恋爱时立下的誓言，爱情要像山和海一样永恒不变。
- 形容永久的爱情。
- 含褒义。

:: **유의어** :: 天长地久(tiān cháng dì jiǔ)

:: **반의어** :: 朝三暮四(zhāo sān mù sì)

:: **어 법** :: 일반적으로 문장에서 술어(谓语), 관형어(定语), 목적어(宾语)로 사용됨.

:: **예 문** ::

(1) 两个人曾经海誓山盟，如今面对生活的柴米油盐却如此地对骂。

(2) 爱不是相互依恋的缠绵，也不是海誓山盟的承诺，是默默付出的实践。

(3) 在月下的海滩上，两个人立下了海誓山盟。

06 情窦初开(qíng dòu chū kāi)

설명_ 처음으로 사랑에 눈을 뜨다.

- 情窦：情意的发生或男女爱情萌动。
- 形容刚刚懂得爱情(多指少女)。

:: **유의어** :: 少女怀春(shào nǚ huái chūn)

:: **어　법** :: 일반적으로 문장에서 술어(谓语)와 관형어(定语)로 사용됨.

:: **예　문** ::

(1) 这群少男少女情窦初开，三三两两地跑出去偷偷约会。

(2) 这段美妙的音乐，让我们仿佛看到了一个情窦初开的邻家小妹妹。

07 青梅竹马(qīng méi zhú mǎ)

설명_ 남녀가 어릴 때부터 사이좋게 지낸 관계.

- 青梅：青色的梅子。指小儿女天真无邪玩耍游戏的样子。
- 竹马：儿童把竹竿当马骑。
- 形容男女幼年时亲密无间。
- 含褒义。

:: **유의어** :: 两小无猜(liǎng xiǎo wú cāi)

:: **반의어** :: 敬而远之(jìng ér yuǎn zhī)

:: **어　법** :: 일반적으로 문장에서 주어(主语), 술어(谓语), 부사어(壮语)로 사용됨.

:: **예　문** ::

(1) 那少年时期的青梅竹马，在他心灵里留下了多少难忘的记忆啊。

(2) 两个人从小就青梅竹马，长大了，结婚了，两家人看在眼中，幸福在心中。

(3) 两个人同年生，青梅竹马一起长大，两个人的感情十分要好。

08 千里姻缘一线牵
(qiān lǐ yīn yuán yí xiàn qiān)

설명_ 천리 먼 길 떨어져 있어도 혼인의 연분은 이어진다.

- 姻缘：婚姻、缘分。
- 指婚姻是由月下老人用一根红线牵连起来而成的。
- 形容两个距离很远的人，最后结婚了。
- 含褒义。

:: 유의어 :: 有缘千里来相会(yǒu yuán qiān lǐ lái xiāng huì)

:: 어 법 :: 일반적으로 문장에서 목적어(宾语)로 사용됨.

:: 예 문 ::

(1) 真是千里姻缘一线牵哪：中国的新娘嫁到了韩国!

(2) 我和老公的相识，那才叫千里姻缘一线牵。

09 举案齐眉(jǔ àn qí méi)

설명_ 부부가 서로 존중하며 사랑하다.

- 案：古时有脚的托盘。
- 指送饭时把托盘举得跟眉毛一样高。
- 形容夫妻互相尊敬,感情很好。
- 含褒义。

:: **유의어** :: 相敬如宾(xiāng jìng rú bīn)

:: **반의어** :: 琴瑟不调(qín sè bù tiáo)

:: **어 법** :: 일반적으로 문장에서 술어(谓语)와 관형어(定语)로 사용됨.

:: **예 문** ::

(1) 即便日子过的很清贫，只要两口子举案齐眉，相敬如宾，就是一段好姻缘。

(2) 他们俩是一对举案齐眉的好夫妻。

10 情人眼里出西施
(qíng rén yǎn li chū xī shī)

설명_ 사랑하면 상대방의 모든 것이 사랑스럽기만 하다.

- 西施：战国时期人物，中国古代四大美人之一。
- 形容由于爱情，所以觉得对方是最美的。

:: **유의어** :: 各花入各眼(gè huā rù gè yǎn)

:: **어　법** :: 일반적으로 문장에서 목적어(宾语)로 사용됨.

:: **예　문** ::

(1) 男友总对亲戚朋友们说她是最美的女孩子，真是情人眼里出西施。

(2) 俗话说：情人眼里出西施，所以在恋爱的时候，你一定会觉得对方最好看。

11 天荒地老(tiān huāng dì lǎo)

설명_ 시간이 매우 길다. 또는 사랑하는 감정이 깊다.

- 指天荒秽，地衰老。
- 形容经历的时间很长。
- 常用于人们的爱情宣言。

::**유의어**:: 地老天荒(dì lǎo tiān huāng)

::**어 법**:: 일반적으로 문장에서 부사어(状语), 관형어(定语), 목적어(宾语), 보어(补语)로 사용됨.

::**예 문**::

(1) 我想和你没完没了地说话，昏天黑地地玩，天荒地老地爱。

(2) 一段天荒地老的爱情，终点站究竟在哪儿呢?

(3) 爱情是两个人的天荒地老，不是一个人的一厢情愿。

(4) 希望爱你到天荒地老，陪你到天涯海角。

12 情同手足(qíng tóng shǒu zú)

설명_ 친형제처럼 허물없이 가깝게 지내다.

- 手足：比喻兄弟。
- 形容两个人的友谊很深，相亲兄弟一样。
- 含褒义。

:: **유의어** :: 亲如手足(qīn rú shǒu zú)

:: **반의어** :: 势不两立(shì bù liǎng lì)

:: **어　법** :: 일반적으로 문장에서 술어(谓语)와 관형어(定语)로 사용됨.

:: **예　문** ::

(1) 两个男人情同手足、同甘共苦，但是他们很不幸地爱上了同一个女人。

(2) 他与小王是情同手足的好朋友。

실·용·회·화

A：你看他们两个亲密无间的样子，真幸福！

B：是呀，他俩从小就青梅竹马。

A：听说他们现在还在一个单位工作，是志同道合的两口子呢。

A：恋爱时，海誓山盟，可结婚了，马上就变样了。

B：嗯，夫妻就该举案齐眉，夫唱妇随的。

A：说得好听，可有几个做得到！

第八课

美貌与丑态

01 沉鱼落雁(chén yú luò yàn)

설명_ 여성의 외모가 아름답다.

▸ 指鱼看见她的美丽，就沉到了水底；大雁看见了她的美丽，就落下来了。
▸ 形容女子非常美丽动人。
▸ 含褒义。

:: **유의어** :: 闭月羞花(bì yuè xiū huā)

:: **반의어** :: 面目可憎(miàn mù kě zēng)

:: **어 법** :: 일반적으로 문장에서 술어(谓语), 목적어(宾语), 관형어(定语)로 사용됨.

:: **예 문** ::

(1) 你的美丽沉鱼落雁般，早已深深印在了我的心底。
(2) 她虽然不是沉鱼落雁，但也算得上小美人了。
(3) 多数女人因有沉鱼落雁的美貌而成为了有名的明星。

02 眉清目秀(méi qīng mù xiù)

설명_ 외모가 수려하다

- 形容人长得容貌清秀不俗气。
- 含褒义。

:: **유의어** :: 眉目如画(méi mù rú huà)

:: **반의어** :: 其貌不扬(qí mào bù yáng)

:: **어 법** :: 일반적으로 문장에서 술어(谓语), 관형어(定语), 보어(补语)로 사용됨.

:: **예 문** ::

(1) 小伙子眉清目秀，人见人爱。

(2) 一个眉清目秀的小姑娘，在大街上捧着一束鲜花。

(3) 那少年大约十六七岁，长得眉清目秀。

03 亭亭玉立(tíng tíng yù lì)

설명_ 여성의 몸매가 늘씬하다.

- 亭亭：高高的样子。
- 形容女孩长得高高的、瘦瘦的样子。
- 含褒义。

:: **유의어** :: 袅袅婷婷(niǎo niǎo tíng tíng)

:: **어　법** :: 일반적으로 문장에서 보어(补语)와 관형어(定语)로 사용됨.

:: **예　문** ::

(1) 当年的小不点儿，现在已经出落得亭亭玉立了，真是女大十八变哪。

(2) 亭亭玉立的身姿与沉鱼落雁的容颜让人心动不已。

04 炯炯有神(jiǒng jiǒng yǒu shén)

설명_ 눈빛이 밝고 생기가 있다.

- 炯炯：明亮的样子。
- 神：精神。
- 形容人的眼睛发亮，很有精神。
- 含褒义。

:: **유의어** :: 目光炯炯(mù guāng jiǒng jiǒng)

:: **어　법** :: 일반적으로 문장에서 술어(谓语)와 관형어(定语)로 사용됨.

:: **예　문** ::

(1) 小伙子两眼炯炯有神。

(2) 炯炯有神的目光，足够表现出他是一个有志的少年。

05 童颜鹤发(tóng yán hè fà)

설명_ 노인이 혈색이 좋고 건강하다.

- 颜：脸色。
- 鹤发：雪白的头发。
- 形容老年人气色好。
- 含褒义。

:: 유의어 :: 老当益壮(lǎo dāng yì zhuàng)

:: 반의어 :: 未老先衰(wèi lǎo xiān shuāi)

:: 어　법 :: 일반적으로 문장에서 목적어(宾语)와 관형어(定语)로 사용됨.

:: 예　문 ::

(1) 这位老人已经90多岁了，但看起来依然童颜鹤发。

(2) 我们向他打听童颜鹤发的秘密，老人微微一笑，只说了两个字：‘锻炼’。

06 面黄肌瘦(miàn huáng jī shòu)

설명_ 안색이 누렇고 몸이 수척하다.

- 指脸色发黄，身体很瘦。
- 形容人的脸色不好。

:: **유의어** :: 面有菜色(miàn yǒu cài sè)

:: **반의어** :: 容光焕发(róng guāng huàn fā)

:: **어 법** :: 일반적으로 문장에서 술어(谓语), 관형어(定语), 보어(补语)로 사용됨.

:: **예 문** ::

(1) 这孩子面黄肌瘦，应该多吃些。

(2) 看他面黄肌瘦的样子，就知道在外面吃了不少苦。

(3) 虽然老王被病魔折磨得面黄肌瘦，但是依然满面微笑地对待别人。

07 道貌岸然(dào mào àn rán)

설명_ (고의로) 점잔을 빼다.

- 道貌：正经严肃的相貌。
- 岸然：高傲的样子。
- 形容一本正经的样子。
- 含贬义，用于嘲讽人。

:: **유의어** :: 一本正经(yì běn zhèng jīng)

:: **반의어** :: 嬉皮笑脸(xī pí xiào liǎn)

:: **어 법** :: 일반적으로 문장에서 관형어(定语), 부사어(状语), 술어(谓语)로 사용됨.

:: **예 문** ::

(1) 看到他那副道貌岸然的样子，我从心里感到厌烦。

(2) 他能够如此道貌岸然地做事，真是不简单。

(3) 这家伙道貌岸然，简直是一个坏蛋。

08 头晕眼花(tóu yūn yǎn huā)

설명_ 머리가 어지럽고 눈이 가물가물하다.

- 晕：头昏。
- 花：发花，看不清楚。
- 指头发昏，眼发花。感到一切都在旋转。
- 形容疲劳的感觉。

::어 법:: 일반적으로 문장에서 보어(补语), 목적어(宾语), 단문(分句)으로 사용됨.

::유의어:: 头晕目眩(tóu yūn mù xuàn)

::예 문::

(1) 来来往往的人，我看得头晕眼花的。

(2) 昨天晚上没睡好，现在感觉头晕眼花的。

(3) 饿了好几天，头晕眼花。

09 狼狈不堪(láng bèi bù kān)

설명_ 처지가 곤란하다.

- 狼狈：窘迫的样子。
- 堪：忍受、承受。
- 形容非常窘迫的样子。
- 含贬义。

:: **유의어** :: 手足无措(shǒu zú wú cuò)

:: **반의어** :: 从容不迫(cóng róng bú pò)

:: **어　법** :: 일반적으로 문장에서 관형어(定语), 부사어(状语), 보어(补语)로 사용됨.

:: **예　문** ::

(1) 小王被单位开除了，狼狈不堪的他只得在郊外小区租了一间房子暂住下来。

(2) 只见小王狼狈不堪地被老大妈骂了回来，大家都忍不住笑起来了。

(3) 大雨把他淋得狼狈不堪。

10 鼻青脸肿(bí qīng liǎn zhǒng)

설명_ 만신창이가 되다.

- 指鼻子发青，脸部肿起。
- 形容人被打后的样子。

:: **유의어** :: 鼻青眼肿(bí qīng yǎn zhǒng)

:: **어 법** :: 일반적으로 문장에서 주어(主语), 보어(补语), 부사어(壮语)로 사용됨.

:: **예 문** ::

(1) 小李动不动就跟同学打架，对他来说，鼻青脸肿是家常便饭。

(2) 他不小心从楼梯上摔下去了，摔了个鼻青脸肿。

(3) 下班回家的爸爸发现小王一人鼻青脸肿躲在家里。

11 无精打采(wú jīng dǎ cǎi)

설명_ 기운이 없고 풀이 죽다.

- 精：精神。
- 打：打消。
- 采：兴致。
- 指精神不振，提不起劲头。
- 形容没有精神的样子。
- 含贬义。

::**유의어**:: 有气无力(yǒu qì wú lì)

::**반의어**:: 神采奕奕(shén cǎi yì yì)

::**어 법**:: 일반적으로 문장에서 술어(谓语), 목적어(宾语), 관형어(定语)로 사용됨.

::**예 문**::

(1) 长期的工作压力及睡眠不足使我终日无精打采。

(2) 红肿的双眼，鼓鼓的眼袋使你显得无精打采。

(3) 我觉得他看起来有点无精打采的样子，是不是得了什么病?

12 面如土色(miàn rú tǔ sè)

설명_ (당황해서)안색이 흙빛과 같다.

- 指脸色变成了灰白色。
- 形容非常害怕时的脸色。
- 含贬义。

:: **유의어** :: 面色如土(miàn sè rú tǔ)

:: **반의어** :: 面不改色(miàn bù gǎi sè)

:: **어 법** :: 일반적으로 문장에서 술어(谓语), 관형어(定语), 보어(补语)로 사용됨.

:: **예 문** ::

(1) 听说心上人要回国了，她面如土色，随后跑到自己房间开始大哭起来。

(2) 大家把面如土色的她抬到屋子里，给医生打了电话。

(3) 听到儿子车祸的事，妈妈吓得面如土色。

실·용·회·화

A：你今天怎么看起来无精打采的?

B：别提了，昨晚被雨淋得狼狈不堪哪。

A：怪不得呢!

A：那个小伙子长得眉清目秀的，是谁啊?

B：你再看看旁边的姑娘，亭亭玉立的，你看是谁？

A：哎呀，这不是邻居小红和她男朋友嘛!

第九课

祝福与称颂

01 福如东海(fú rú dōng hǎi)

설명_ 동해 바다처럼 한없는 복을 누리다.

- 指福气像东海那样大。
- 与‘寿比南山’搭配使用。
- 用于祝福老人的生日宴会。

:: **유의어** :: 福星高照(fú xīng gāo zhào)

:: **반의어** :: 生不逢时(shēng bù féng shí)

:: **어　법** :: 일반적으로 문장에서 술어(谓语)와 관형어(定语)로 사용됨.

:: **예　문** ::

(1) 今天是您的生日，祝您福如东海，寿比南山!

(2) 这些福如东海，寿比南山的话，最好说给老年人听。

02 一帆风顺(yì fán fēng shùn)

설명_ 일이 순조롭게 진행되다.

- 一：满。
- 指船挂着满帆，在大海里顺风行驶。
- 形容非常顺利。
- 含褒义。

:: **유의어** :: 一路顺风(yí lù shùn fēng)

:: **반의어** :: 一波三折(yì bō sān zhé)

:: **어 법** :: 일반적으로 문장에서 술어(谓语), 관형어(定语), 목적어(宾语), 부사어(壮语)로 사용됨.

:: **예 문** ::

(1) 人的一生不可能什么都一帆风顺。

(2) 每个人都希望过一帆风顺的日子。

(3) 我们不指望一帆风顺，但我们会百折不回。

(4) 希望你在复杂的社会里站稳脚跟、一帆风顺地走好人生之路。

03 金榜题名(jīn bǎng tí míng)

설명_ 시험에 합격하다.

- 金榜：科举时代揭晓名次的布告，因用黄纸书写，故称金榜。
- 题名：写上名字。
- 形容考试结果如意，考上了理想的学府或企业。
- 含褒义。

:: **유의어** :: 名列前茅(míng liè qián máo)

:: **반의어** :: 名落孙山(míng luò sūn shān)

:: **어　법** :: 일반적으로 문장에서 술어(谓语), 관형어(定语), 단문(分句)으로 사용됨.

:: **예　문** ::

(1) 祝你明年高考金榜题名。

(2) 这儿就是经常金榜题名的地区，所以连房价也涨了不少。

(3) 洞房花烛，金榜题名，小王真的双喜临门了！

04 吉祥如意(jí xiáng rú yì)

설명_ (매사가) 상서롭고 뜻하는 바와 같이 되다.

- 形容一切顺利。
- 多用祝颂他人美满称心。
- 含褒义。

::유의어:: 尽如人意(jìn rú rén yì)

::반의어:: 事与愿违(shì yǔ yuàn wéi)

::어　법:: 일반적으로 문장에서 단문(分句)과 관형어(定语)로 사용됨.

::예　문::

(1) 祝兄弟姐妹们在新的一年，吉祥如意，一切顺利!

(2) 从此他们过上了吉祥如意的生活。

05 白头偕老(bái tóu xié lǎo)

설명_ 백년해로(百年偕老)하다.

- 白头：头发白。
- 偕：共同。
- 形容夫妻相亲相爱，一直到老。
- 用于新婚祝福。

:: **유의어** :: 百年好合(bǎi nián hǎo hé)

:: **반의어** :: 分道扬镳(fēn dào yáng biāo)

:: **어 법** :: 일반적으로 문장에서 술어(谓语), 부사어(状语), 목적어(宾语)로 사용됨.

:: **예 문** ::

(1) 祝福你们生活甜甜蜜蜜，白头偕老。

(2) 我希望我们能带大两个孩子白头偕老地生活下去。

(3) 曾经和你约定要白头偕老，可是咱们这么生活下去，只会让我含冤而终。

06 与众不同(yǔ zhòng bù tóng)

설명_ 남보다 뛰어나다.

- 众：众人、大众。
- 指跟别人不一样。
- 形容出色。
- 常用于褒义。

:: **유의어** :: 异乎寻常(yì hū xún cháng)

:: **반의어** :: 平淡无奇(píng dàn wú qí)

:: **어　법** :: 일반적으로 문장에서 관형어(定语), 보어(补语), 술어(谓语)로 사용됨.

:: **예　문** ::

(1) 从他与众不同的解题方法看出他很聪明。
(2) 晚会上她打扮得与众不同，为了吸引他的目光。
(3) 其实，他们真的与众不同，而且丝毫不怕表现出自己的不同点。

07 永垂不朽(yǒng chuí bù xiǔ)

설명_ 천추(千秋)에 길이 빛나다.

- 垂：留传后世。
- 朽：腐烂。
- 形容光辉的事迹和伟大的精神永远流传。
- 含褒义。

:: **유의어** :: 名垂青史(míng chuí qīng shǐ)

:: **반의어** :: 遗臭万年(yí chòu wàn nián)

:: **어 법** :: 일반적으로 문장에서 술어(谓语), 목적어(宾语), 관형어(定语)로 사용됨.

:: **예 문** ::

(1) 国家英雄们永垂不朽!

(2) 李舜臣将军的精神一定要永垂不朽。

(3) 李白给我们留下了数百首永垂不朽的美诗。

08 大难不死(dà nàn bù sǐ)

설명_ 큰 재난에서 살아남았다.

- 难：灾祸。
- 指遇到巨大的灾难，但没有死。
- 形容幸运。
- 常与‘必有后福’ 搭配使用。

::어 법:: 일반적으로 문장에서 술어(谓语)로 사용됨.

::예 문::

(1) 她在这次飞机事故中大难不死。

(2) 兄弟，大难不死，必有后福，努力干吧，将来会有出息的。

09 比翼双飞(bǐ yì shuāng fēi)

설명_ 부부가 서로 아끼고 사랑하다. 함께 발전하다.

- 比翼：翅膀挨着翅膀。
- 双飞：成双地并飞。
- 形容夫妻恩爱
- 也形容在事业上一起前进。
- 含褒义。

:: **유의어** :: 比翼齐飞(bǐ yì qí fēi)

:: **어 법** :: 일반적으로 문장에서 술어(谓语), 목적어(宾语), 관형어(定语)로 사용됨.

:: **예 문** ::

(1) 即使有再多的困难，我都要跟妳比翼双飞。

(2) 祝你们新婚快乐，能够比翼双飞，幸福美满。

(3) 初步形成了海洋产业和旅游产业比翼双飞的经济格局。

10 长命富贵(cháng mìng fù guì)

설명_ 부유하고 장수하다.

- 形容既长寿又富裕，并且地位高贵。
- 含褒义。

:: **유의어** :: 长命百岁(cháng mìng bǎi suì)

:: **반의어** :: 日薄西山(rì bó xī shān)

:: **어　법** :: 일반적으로 문장에서 주어(主语)와 목적어(宾语)로 사용됨.

:: **예　문** ::

(1) 长命富贵是人人都希望的。

(2) 我祝愿每位嘉宾都能长命富贵、与天同寿、与地同寿!

11 花好月圆(huā hǎo yuè yuán)

설명_ (남녀간의)원만하고 아름다운 결합.

- 形容美好圆满的生活。
- 常用于婚宴庆典上。

:: **유의어** :: 幸福美满(xìng fú měi mǎn)

:: **반의어** :: 花残月缺(huā cán yuè quē)

:: **어 법** :: 일반적으로 문장에서 술어(谓语)와 관형어(定语)로 사용됨.

:: **예 문** ::

(1) 今晚花好月圆，为什么不尽兴多喝几杯呢?

(2) 在这个花好月圆之夜，让我们举杯庆祝他们的新婚。

실·용·회·화

A：在此花好月圆之时，让我们共同举杯，为这一对新人干杯!

B：祝他们白头偕老，比翼双飞!

A：干杯!

A：祝你此番去中国一帆风顺!

B：也祝你在国内高考能够金榜题名!

A：好，我们都会成功的，干杯!

第十课

国与家与个体

01 国泰民安(guó tài mín ān)

설명_ 나라가 태평하고 백성들의 생활이 안정되다.

- 泰：安定，太平。
- 安：安乐。
- 形容国家太平，人民安乐。
- 含褒义。

:: **유의어** :: 天下太平(tiān xià tài píng)

:: **반의어** :: 国破家亡(guó pò jiā wáng)

:: **어 법** :: 일반적으로 문장에서 술어(谓语), 목적어(宾语), 관형어(定语)로 사용됨.

:: **예 문** ::

(1) 中国现在国泰民安，处处呈现出一片繁荣的景象。

(2) 我们一起祈求国泰民安，繁荣富强吧。

(3) 中国人爱龙，把龙看成是祈保风调雨顺，国泰民安的象征。

02 长治久安(cháng zhì jiǔ ān)

설명_ 사회 질서가 오랫동안 안정되고 태평하다.

- 治：太平。
- 安：安定。
- 形容国家长期安定、太平。
- 含褒义。

:: **유의어** :: 天下太平(tiān xià tài píng)

:: **반의어** :: 动荡不安(dòng dàng bù ān)

:: **어 법** :: 일반적으로 문장에서 목적어(宾语)와 관형어(定语)로 사용됨.

:: **예 문** ::

(1) 有了很好的道德，国家才能长治久安。

(2) 一个长治久安的国家，必要有开明的领导人。

03 齐心协力(qí xīn xié lì)

설명_ 한마음 한뜻으로 협력하다.

- 协：共同。
- 形容大家共同努力进步。
- 含褒义。

::**유의어**:: 齐心合力(qí xīn hé lì)

::**반의어**:: 离心离德(lí xīn lí dé)

::**어　법**:: 일반적으로 문장에서 술어(谓语)와 관형어(定语)로 사용됨.

::**예　문**::

(1) 只要大家齐心协力，没有克服不了的困难。

(2) 看到这个齐心协力的场面，我感动得哭了。

04 百家争鸣(bǎi jiā zhēng míng)

설명_ 서로 다른 의견을 자유롭게 논쟁하다.

- 百家：各种政治、学术派别。
- 鸣：发表见解。
- 形容各种学术流派的自由争论、互相批评。

::**유의어**:: 各抒己见(gè shū jǐ jiàn)

::**반의어**:: 一家之言(yì jiā zhī yán)

::**어 법**:: 일반적으로 문장에서 술어(谓语), 목적어(宾语), 관형어(定语)로 사용됨.

::**예 문**::

(1) 学术界百家争鸣是健康学术的表现。

(2) 请大家多多发表意见，更希望能够百家争鸣。

(3) 当时社会上出现了学术自由、百家争鸣的局面。

05 和睦相处(hé mù xiāng chǔ)

설명_ 화목하게 함께 지내다.

- 形容彼此很好地相处。
- 用于人际关系。
- 含褒义。

:: **유의어** :: 和平共处(hé píng gòng chǔ)

:: **반의어** :: 同床异梦(tóng chuáng yì mèng)

:: **어　법** :: 일반적으로 문장에서 술어(谓语)와 관형어(定语)로 사용됨.

:: **예　문** ::

(1) 猫和狗和睦相处，这简直是笑话。

(2) 在21世纪的当今，全球人民都追求一种与自然和睦相处的社会。

06 苦尽甘来(kǔ jìn gān lái)

설명_ 고생 끝에 낙이 온다.

- 尽：尽头。
- 甘：甜，比喻幸福。
- 形容艰难的日子过完了，美好的日子来到了。
- 含褒义。

:: **유의어** :: 雨过天晴(yǔ guò tiān qíng)

:: **반의어** :: 乐极生悲(lè jí shēng bēi)

:: **어　법** :: 일반적으로 문장에서 술어(谓语), 목적어(宾语), 관형어(定语)로 사용됨.

:: **예　문** ::

(1) 夫妻俩终于苦尽甘来，现在幸福地开了一家小店。

(2) 你感受过艰辛付出后的苦尽甘来吗?

(3) 他在歌手培训班中苦练了五年，终于赢得一群歌迷支持，也尝到苦尽甘来的滋味。

07 天伦之乐(tiān lún zhī lè)

설명_ 가족을 통해 누리는 즐거움.

- 天伦：指父子、兄弟等亲属关系。
- 形容一家人在一起时的美好气氛。
- 含褒义。

:: **유의어** :: 合家欢乐(hé jiā huān lè)

:: **반의어** :: 孤苦伶仃(gū kǔ líng dīng)

:: **어 법** :: 일반적으로 문장에서 목적어(宾语)로 사용됨.

:: **예 문** ::

(1) 如果到老年自己这样享受天伦之乐，该多么美好！

(2) 我家三岁宝宝常逗得全家人哈哈大笑，这也是一种天伦之乐吧。

08 毛遂自荐(máo suì zì jiàn)

설명_ 자진해서 나가다.

- 毛遂：古代的人物名。
- 荐：推荐。
- 指毛遂自我推荐。
- 形容自己推荐自己。
- 含褒义。

:: **유의어** :: 自告奋勇(zì gào fèn yǒng)

:: **반의어** :: 自惭形秽(zì cán xíng huì)

:: **어 법** :: 일반적으로 문장에서 술어(谓语), 부사어(壮语), 관형어(定语)로 사용됨.

:: **예 문** ::

(1) 他们把自己的作品录制成CD，想向唱片公司毛遂自荐。

(2) 她毛遂自荐当上了我们班的班长。

(3) 毛遂自荐的方式有点不好，是想出风头，这种观点对吗?

09 衣锦还乡(yī jǐn huán xiāng)

설명_ 성공하여 고향으로 돌아오다.

- 衣：穿。
- 还：返回。
- 锦：有彩色花纹的丝织品。
- 形容富贵以后穿着华丽的衣服回到故乡。
- 含有向家乡人夸耀自己的意思。
- 含褒义。

:: **유의어** :: 荣归故里(róng guī gù lǐ)

:: **반의어** :: 离乡背井(lí xiāng bèi jǐng)

:: **어　법** :: 일반적으로 문장에서 술어(谓语), 목적어(宾语), 관형어(定语)로 사용됨.

:: **예　문** ::

(1) 人家都衣锦还乡了，开着奔驰车炫耀自己，真让人羡慕呢!

(2) 如果过去的五年里，我能实现自己的理想，如今应该衣锦还乡了。

(3) 衣锦还乡的小王一下子就被乡亲们围住了。

10 近水楼台先得月
(jìn shuǐ lóu tái xiān dé yuè)

설명_ 좋은 조건을 갖춘 사람이 유리하다.

- 指水边的楼台先得到月光。
- 形容由于方便而得到优先的机会。

:: **유의어** :: 近水楼台(jìn shuǐ lóu tái)

:: **반의어** :: 孤立无援(gū lì wú yuán)

:: **어 법** :: 일반적으로 문장에서 목적어(宾语)와 단문(分句)으로 사용됨.

:: **예 문** ::

(1) 所谓近水楼台先得月嘛，他是她的师兄，很容易就追上了她。

(2) 近水楼台先得月，海边城市经济发达也是很正常的。

11 兵来将挡，水来土掩
(bīng lái jiàng dǎng, shuǐ lái tǔ yǎn)

설명_ 상황에 따라 그에 적절한 대책을 취하다.

- 掩：用土盖上。
- 形容根据具体情况，采取不同的对策。

:: **유의어** :: 兵来将敌，水来土填
(bīng lái jiàng dí, shuǐ lái tǔ tián)

:: **반의어** :: 束手无策(shù shǒu wú cè)

:: **어 법** :: 일반적으로 문장에서 단문(分句)과 관형어(定语)로 사용됨.

:: **예 문** ::

(1) 兵来将挡，水来土掩，到时候一定会有办法的。

(2) 他不伤感于过去的失败经验，从容地面对生活，有的是兵来将挡水来土掩的精明和勇气。

12 有福同享，有难同当
(yǒu fú tóng xiǎng, yǒu nàn tóng dāng)

설명_ 행복은 함께 누리고 고통은 같이 분담하다.

- 当：担当。
- 指幸福共同分享，苦难一起分担。
- 形容一起经历幸福和苦难。

:: **유의어** :: 同甘共苦(tóng gān gòng kǔ)

:: **반의어** :: 同床异梦(tóng chuáng yì mèng)

:: **어 법** :: 일반적으로 문장에서 목적어(宾语)와 단문(分句)으로 사용됨.

:: **예 문** ::

(1) 夫妻两个人要有福同享，有难同当。

(2) 来！今天是大好日子，咱们共同干一杯，以后有福同享，有难同当。

실·용·회·화

A：目前是公司的困难时期，希望大家能够齐心协力，共渡难关。

B：别担心，用不了多长时间，我们公司一定会苦尽甘来的。

A：那销售经理的职位，谁能毛遂自荐一下？

B：我来吧，以前我作过这方面的工作。

A：一家人要和睦相处。

B：是呀，要有福同享，有难同当嘛。

第十一课 流行与繁华

01 大红大紫(dà hóng dà zǐ)

설명_ 두드러지다. 매우 인기 있다.

- 指特别红、特别紫。
- 形容显赫、得意。
- 也形容非常流行。
- 含褒义。

::**유의어**:: 大富大贵(dà fù dà guì)

::**어　법**:: 일반적으로 문장에서 술어(谓语), 목적어(宾语), 관형어(定语)로 사용됨.

::**예　문**::

(1) 他度过的7个赛季中除了拿下了一个助攻王外从来没大红大紫过。

(2) 我看出来了，现在干什么也不能大红大紫，除了作官和唱歌的！

(3) 原本以为可以大红大紫的他，接下来的几张专辑却都失败了。

02 大名鼎鼎(dà míng dǐng dǐng)

설명_ 명성이 높다.

- 鼎鼎：盛大的样子。
- 形容名气很大。
- 含褒义。

:: **유의어** :: 鼎鼎大名(dǐng dǐng dà míng)

:: **반의어** :: 无名鼠辈(wú míng shǔ bèi)

:: **어 법** :: 일반적으로 문장에서 술어(谓语)와 관형어(定语)로 사용됨.

:: **예 문** ::

(1) 在这个小村里，王医生大名鼎鼎，医术相当高。

(2) 今天终于去过大名鼎鼎的北京故宫博物院。

03 风流人物(fēng liú rén wù)

설명_ 한 시대에 매우 큰 영향을 끼치는 인물.
혹은, 풍류(風流)를 즐기는 사람.

- 风流：英俊的、杰出的。
- 形容很有影响力的人物。
- 也形容举止潇洒的人。
- 含褒义。

:: **유의어** :: 风云人物(fēng yún rén wù)

:: **반의어** :: 芸芸众生(yún yún zhòng shēng)

:: **어 법** :: 일반적으로 문장에서 주어(主语), 목적어(宾语), 관형어(定语)로 사용됨.

:: **예 문** ::

(1) 风流人物总被风吹雨打，不用羡慕他们。

(2) 小王在公司里，也算是一个风流人物了，很多女生都喜欢他。

(3) 虽然这些风流人物的生命早已消逝，但他们的故事至今还传扬着。

04 风行一时(fēng xíng yì shí)

설명_ 한때 크게 유행하다.

▸ 风行：象刮风一样流行。

▸ 形容在一断时间里非常流行。

:: **유의어** :: 风靡一时(fēng mǐ yì shí)

:: **반의어** :: 久盛不衰(jiǔ shèng bù shuāi)

:: **어 법** :: 일반적으로 문장에서 술어(谓语)와 관형어(定语)로 사용됨.

:: **예 문** ::

(1) 这种发型曾风行一时，现在看起来有点土。

(2) 那些曾经风行一时的美食，由于没有营养，现在都被扔进垃圾桶了。

05 家喻户晓(jiā yù hù xiǎo)

설명_ 어느 집이나 다 알고 있다.

- 喻：明白。
- 晓：知道。
- 形容每个人都知道。

:: **유의어** :: 众所周知(zhòng suǒ zhōu zhī)

:: **반의어** :: 默默无闻(mò mò wú wén)

:: **어 법** :: 일반적으로 문장에서 술어(谓语), 관형어(定语), 보어(补语)로 사용됨.

:: **예 문** ::

(1) 康师傅方便面这个名字，已经家喻户晓了。

(2) 龟兔赛跑，早就是家喻户晓的故事了。

(3) 声音别那么大，吵得家喻户晓的，有什么好处？

06 车水马龙(chē shuǐ mǎ lóng)

설명_ 차량이 줄을 잇다. 매우 번화하다.

- 指车像流水，马像游龙。
- 形容繁华热闹的景象。
- 含褒义。

:: 유의어 :: 门庭若市(mén tíng ruò shì)

:: 반의어 :: 门可罗雀(mén kě luó què)

:: 어　법 :: 일반적으로 문장에서 술어(谓语)와 관형어(定语)로 사용됨.

:: 예　문 ::

(1) 韩国的大学周围经常车水马龙，非常热闹。

(2) 站在30层高的旋转餐厅放眼望去，好一个车水马龙的都市！

07 川流不息(chuān liú bù xī)

설명_ 사람이나 차의 행렬이 흐르는 물처럼 끊이지 않다.

- 息：停止。
- 形容行人、车马等像水流一样连续不断。

:: **유의어** :: 人山人海(rén shān rén hǎi)

:: **반의어** :: 畅通无阻(chàng tōng wú zǔ)

:: **어　법** :: 일반적으로 문장에서 술어(谓语), 관형어(定语), 부사어(状语)로 사용됨.

:: **예　문** ::

(1) 大街上行人川流不息。

(2) 在人生这条川流不息的街道上，我和你的相识，可说是千里姻缘一线牵哪。

(3) 各种世界豪华的轿车都川流不息地行驶在这条马路上。

08 灯火辉煌(dēng huǒ huī huáng)

설명_ 휘황찬란한 야경.

- 形容夜晚灯光明亮的繁华景象。
- 含褒义。

:: 유의어 :: 张灯结彩(zhāng dēng jié cǎi)

:: 반의어 :: 昏天黑地(hūn tiān hēi dì)

:: 어 법 :: 일반적으로 문장에서 술어(谓语), 관형어(定语), 보어(补语)로 사용됨.

:: 예 문 ::

(1) 大厅里灯火辉煌，今晚来了很多客人。

(2) 灯火辉煌的酒吧里，坐满了喝得醉醺醺的人们。

(3) 这盏大灯，把整个大厅照得灯火辉煌。

09 张灯结彩(zhāng dēng jié cǎi)

설명_ 경사스러운 날의 정경을 묘사함.

- 张灯：挂上灯笼。
- 结彩：系上彩带。
- 形容节日或有喜庆事情的景象。
- 含褒义。

::어 법:: 일반적으로 문장에서 술어(谓语), 부사어(状语)로 사용됨.

::예 문::

(1) 国庆节期间，广场上张灯结彩，好不热闹。

(2) 他们家正在张灯结彩地为两个5，6岁的女孩办生日派对。

10 物以稀为贵(wù yǐ xī wéi guì)

설명_ 물건은 적을수록 귀하다.

- 稀：少。
- 形容事物因稀少而觉得珍贵。

::어 법:: 일반적으로 문장에서 관형어(定语)와 단문(分句)으로 사용됨.

::예 문::

(1) 奔驰公司每年限量生产轿车，这是为了保证高质量和物以稀为贵的宗旨。

(2) 物以稀为贵，野生灵芝的资源目前日渐紧缺，其价格也越来越高。

11 欣欣向荣(xīn xīn xiàng róng)

설명_ 번창하다.

- 欣欣：形容草木生长旺盛。
- 荣：茂盛。
- 形容草木长得好，或事业发展得好。
- 含褒义。

:: **유의어** :: 朝气蓬勃(zhāo qì péng bó)

:: **반의어** :: 日暮途穷(rì mù tú qióng)

:: **어 법** :: 일반적으로 문장에서 술어(谓语), 관형어(定语), 보어(状语)로 사용됨.

:: **예 문** ::

(1) 公司发展欣欣向荣，是每个老板的梦想。

(2) 我们要创造一个充满活力，欣欣向荣的现代化企业。

(3) 改革开放以来，中国经济欣欣向荣地发展着，成为世界一大奇迹。

12 蒸蒸日上(zhēng zhēng rì shàng)

설명_ 날로 번창하다.

- 蒸蒸：兴盛的样子。
- 形容事业一天天向上发展。
- 含褒义。

:: **유의어** :: 欣欣向荣(xīn xīn xiàng róng)

:: **반의어** :: 江河日下(jiāng hé rì xià)

:: **어 법** :: 일반적으로 문장에서 술어(谓语)와 관형어(定语)로 사용됨.

:: **예 문** ::

(1) 自从来了北京后，他的事业发展蒸蒸日上，现在已经是总经理了。

(2) 此后的100多年间，是中国国力蒸蒸日上的时期。

실·용·회·화

A：王府井大街是北京最繁花的街道之一，你看车水马龙，川流不息的。

B：到了晚上，更是灯火辉煌。

A：那我们今天就去逛王府井吧！

A：你来公司都快半年了，竟然不知道大名鼎鼎王秘书？

B：哦？他很有名吗？

A：他当年可是我们老板面前大红大紫的人物，只是后来因为绯闻被老板娘开除了。

B：是吗？那我们老板当年也算是一个风流人物了？

A：那当然了！

第十二课
奇妙数字

01 半斤八两(bàn jīn bā liǎng)

설명_ 피차일반(彼此一般)이다.

- 指半斤等于八两。
- 形容彼此都一样，没有太大的差距。
- 含贬义。

:: 유의어 :: 不相上下(bù xiāng shàng xià)

:: 반의어 :: 天差地远(tiān chā dì yuǎn)

:: 어　법 :: 일반적으로 문장에서 술어(谓语)로 사용됨.

:: 예　문 ::

(1) 他们两个的本事半斤八两，打扮也差不多。

(2) 他们两个人的成绩半斤八两，都是很普通，算不上好。

02 此地无银三百两
(cǐ dì wú yín sān bǎi liǎng)

설명_ 눈 가리고 아웅 하다.

- 银：银子，钱。
- 两：古代货币单位。
- 形容想要隐瞒掩饰，结果却被暴露。

:: **유의어** :: 不打自招(bù dǎ zì zhāo)

:: **어 법** :: 일반적으로 문장에서 단문(分句)과 관형어(定语)로 사용됨.

:: **예 문** ::

(1) 此地无银三百两，阿二偷了东西，却留下字条：隔壁阿二没偷东西。

(2) 这种方法我个人不推荐，有点此地无银三百两的味道。

03 颠三倒四(diān sān dǎo sì)

설명_ (말 · 행동 · 일처리 등이) 조리가 없다.

- 三、四：表示杂乱。
- 形容说话做事很乱。
- 含贬义。

:: **유의어** :: 乱七八糟(luàn qī bā zāo)

:: **반의어** :: 井然有序(jǐng rán yǒu xù)

:: **어 법** :: 일반적으로 문장에서 술어(谓语), 관형어(定语), 부사어(状语)로 사용됨.

:: **예 문** ::

(1) 他今天有点儿反常，说话颠三倒四的。
(2) 她不是做事颠三倒四的人哪，今天这是怎么了？
(3) 也许是太紧张了，她颠三倒四地说着，别人看了都跟着着急。

04 朝三暮四(zhāo sān mù sì)

설명_ 변덕스럽게 굴다.

- 形容常常变卦，变化太快，反复无常。
- 含贬义。

:: **유의어** :: 朝秦暮楚(zhāo qín mù chǔ)

:: **반의어** :: 一成不变(yì chéng bú biàn)

:: **어 법** :: 일반적으로 문장에서 술어(谓语), 관형어(定语), 부사어(状语)로 사용됨.

:: **예 문** ::

(1) 他这个人朝三暮四，信不得。

(2) 朝三暮四的人被视为‘另类’，很难被人接受。

(3) 观点要坚持的好，不要朝三暮四地改个不停。

05 三番五次(sān fān wǔ cì)

설명_ 여러 차례.

- 番：遍数。
- 形容次数很多。

:: **유의어** :: 屡次三番(lǚ cì sān fān)

:: **반의어** :: 绝无仅有(jué wú jǐn yǒu)

:: **어 법** :: 일반적으로 문장에서 부사어(状语)로 사용됨.

:: **예 문** ::

(1) 一个男生三番五次地约一个女生出去，说是去看他打篮球，他这是什么意思啊?

(2) 上学期，我经常生病，总是三番五次地往医院跑。

06 五花八门(wǔ huā bā mén)

설명_ 변화가 많고 종류가 다양하다.

▸ 形容变化多端或花样繁多。

:: **유의어** :: 形形色色(xíng xíng sè sè)

:: **반의어** :: 一成不变(yì chéng bú biàn)

:: **어 법** :: 일반적으로 문장에서 술어(谓语)와 관형어(定语)로 사용됨.

:: **예 문** ::

(1) 不少城市的路灯数量成倍增长，路灯造型五花八门。

(2) 这个网页上写满了五花八门的小文章。

07 七上八下(qī shàng bā xià)

설명_ 마음이 불안하다.

▸ 形容心里发慌、不安。

:: **유의어** :: 忐忑不安(tǎn tè bù ān)

:: **반의어** :: 心安理得(xīn ān lǐ dé)

:: **어　법** :: 일반적으로 문장에서 술어(谓语)와 관형어(定语)로 사용됨.

:: **예　문** ::

(1) 听了老师的评价后，我的心理七上八下的。

(2) 他终于出现了，一颗七上八下的心到这时才平静下来。

08 七嘴八舌(qī zuǐ bā shé)

설명_ 제각기 떠들다.

▸ 形容人多,说的也多。

:: **유의어** :: 七言八语(qī yán bā yǔ)

:: **반의어** :: 鸦雀无声(yā què wú shēng)

:: **어 법** :: 일반적으로 문장에서 술어(谓语)와 부사어(状语)로 사용됨.

:: **예 문** ::

(1) 同学们七嘴八舌，有的说要去故宫，有的说要去颐和园，有的说要去长城。

(2) 几个女孩子七嘴八舌地说起了她们从电视、杂志上学到的减肥方法。

09 八面玲珑(bā miàn líng lóng)

설명_ 처세술에 능하다.

- 玲珑：精巧细致。
- 指人处事圆滑，不得罪人。
- 形容能讨好各种人物的人。
- 含贬义。

:: **반의어** :: 心口如一(xīn kǒu rú yī)

:: **어　법** :: 일반적으로 문장에서 술어(谓语)와 관형어(定语)로 사용됨.

:: **예　문** ::

(1) 他八面玲珑，在单位没有一个人不夸的。

(2) 想了半天，终于想出一个八面玲珑的解决办法了。

10 九牛二虎之力
(jiǔ niú èr hǔ zhī lì)

설명_ 엄청난 노력과 수고.

▸ 形容花的时间、精力很多。

:: **반의어** :: 轻而易举(qīng ér yì jǔ)

:: **어 법** :: 일반적으로 문장에서 관형어(定语)로 사용됨.

:: **예 문** ::

(1) 费了九牛二虎的力气，才把这件事办成。

(2) 花了九牛二虎之力，我才学会这课的生词。

11 百依百顺(bǎi yī bǎi shùn)

설명_ 모든 일에 매우 순종적이다.

- 依、顺：顺从。
- 形容一切都顺从别人。

::유의어:: 言听计从(yán tīng jì cóng)

::반의어:: 我行我素(wǒ xíng wǒ sù)

::어　법:: 일반적으로 문장에서 술어(谓语)와 목적어(宾语)로 사용됨.

::예　문::

(1) 我如果整天对你百依百顺，我会觉得自己像一只关在笼子里的小鸟。

(2) 男生并不是对女友一定要百依百顺，有些事情是讲道理的。

12 千方百计(qiān fāng bǎi jì)

설명_ 각종 방법을 다 써보다.

- 方：方法。
- 计：计策，计谋。
- 形容想尽或用尽一切办法。

::유의어:: 想方设法(xiǎng fāng shè fǎ)

::반의어:: 无计可施(wú jì kě shī)

::어 법:: 일반적으로 문장에서 부사어(状语)와 목적어(宾语)로 사용됨.

::예 문::

(1) 只要有一线希望，我们都要千方百计地把他救活。

(2) 表面上和他关系很亲密，私底下却盘算着千方百计。

실·용·회·화

A：你又买了什么五花八门的东西了？ 妈妈已经三番五次地强调过不能乱花钱。

B：我知道了，以后不买了，这次别告诉妈!

A：听了这个消息后，我的心一直七上八下的。

B：可不是! 小刘可是费了九牛二虎之力才拿到的这份定单，现在竟被小张抢走了，这可怎么办好?

A：我们帮帮小刘吧。

第十三课

以'一'达'十'

01 吃一堑，长一智
(chī yí qiàn, zhǎng yí zhì)

설명_ 한 번 실패를 겪으면 그만큼 지혜로워진다.

- 堑：壕沟，比喻困难、挫折。
- 智：教训。
- 指受一次挫折，增长一分见识。
- 形容失败过一次,就有了经验教训。

::**유의어**:: 失败乃成功之母(shī bài nǎi chéng gōng zhī mǔ)

::**반의어**:: 重蹈覆辙(chóng dǎo fù zhé)

::**어 법**:: 일반적으로 문장에서 목적어(宾语)와 단문(分句)으로 사용됨.

::**예 문**::

(1) 但是在这个现实世界里有时并不能吃一堑长一智，有许多人吃了堑，还是会犯相同的错误。

(2) 吃一堑，长一智，没想到都老头子了，还要接受这样的教训。

02 道高一尺，魔高一丈

(dào gāo yì chǐ, mó gāo yí zhàng)

설명_ 뛰는 놈 위에 나는 놈 있다.

- 10寸等于1尺，10尺等于1丈。
- 形容取得一定成就以后，面临新的更大的困难。
- 现在多用来表示正义抵不过邪恶。
- 含贬义。

:: **반의어** :: 魔高一尺，道高一丈

(mó gāo yì chǐ, dào gāo yí zhàng)

:: **어 법** :: 일반적으로 문장에서 단문(分句)과 목적어(宾语)로 사용됨.

:: **예 문** ::

(1) 道高一尺，魔高一丈，无论国家怎样加强管理，有的商家还是会找到方法进行非法交易。

(2) 正如互联网技术发展没有尽头一样，黑客的技术也越来越高，真所谓道高一尺，魔高一丈。

03 举一反三(jǔ yī fǎn sān)

설명_ 하나를 들으면 열을 알다.

- 举：提出。
- 反：类推。
- 形容从一件事情类推而知道其他许多事情。
- 含褒义。

:: **유의어** :: 融会贯通(róng huì guàn tōng)

:: **반의어** :: 囫囵吞枣(hú lún tūn zǎo)

:: **어 법** :: 일반적으로 문장에서 술어(谓语), 관형어(定语), 부사어(状语)로 사용됨.

:: **예 문** ::

(1) 他举一反三，把刚学习的数学公式应用到练习题中。

(2) 在我们的日常教学工作中，用到举一反三的地方更多。

(3) 你这个笨蛋，我举一反三地教你，都不会。

04 一举两得(yì jŭ liăng dé)

설명_ 한 가지 일로써 두 가지의 이익을 얻다.

- 举：举动。
- 形容做一件事得到两方面的好处。
- 含褒义。

:: **유의어** :: 一箭双雕(yí jiàn shuāng diāo)

:: **반의어** :: 事倍功半(shì bèi gōng bàn)

:: **어 법** :: 일반적으로 문장에서 단문(分句)과 관형어(定语)로 사용됨.

:: **예 문** ::

(1) 去中国学汉语，既可以提高口语能力，花费又很少，一举两得。

(2) 这是一举两得的美事啊。

05 一无所有(yì wú suǒ yǒu)

설명_ 아무 것도 가진 것이 없다.

- 形容一个人没有钱财或成绩、知识。
- 含贬义。

::**유의어**:: 不名一文(bù míng yì wén)

::**반의어**:: 无所不有(wú suǒ bù yǒu)

::**어　법**:: 일반적으로 문장에서 술어(谓语), 관형어(定语), 목적어(宾语)로 사용됨.

::**예　문**::

(1) 他都30岁了，仍然一无所有，活得很失败。

(2) 一无所有的小王面对债主的追逼，东藏西躲，最后只得逃到国外去了。

(3) 他曾拥有家财千万，一场金融风暴，一夜之间变得一无所有。

06 独一无二(dú yī wú èr)

설명_ 유일무이하다.

- 形容没有相同的或没有可以相比的。
- 含褒义。

:: 유의어 :: 绝无仅有(jué wú jǐn yǒu)

:: 반의어 :: 司空见惯(sī kōng jiàn guàn)

:: 어 법 :: 일반적으로 문장에서 술어(谓语)와 관형어(定语)로 사용됨.

:: 예 문 ::

(1) 每个人的指纹独一无二，拥有神秘的基因密码。

(2) 天下没有平凡的孩子，只有平庸的父母，每个孩子对父母来说都是独一无二的天使。

07 一干二净(yì gān èr jìng)

설명_ (조금도 남김없이) 모조리

▸ 形容十分彻底，一点儿也不剩。

::유의어:: 一尘不染(yì chén bù rǎn)

::반의어:: 邋里邋遢(lā li lā ta)

::어 법:: 일반적으로 문장에서 보어(补语)로 사용됨.

::예 문::

(1) 才前几天的事，你却忘得一干二净!

(2) 从前学过的数学公式，长期不用，早忘得一干二净。

08 数一数二(shǔ yī shǔ èr)

설명_ 손꼽히다.

- 指不算第一也算第二。
- 形容很出色。
- 含褒义。

:: **유의어** :: 名列前茅(míng liè qián máo)

:: **반의어** :: 平淡无奇(píng dàn wú qí)

:: **어　법** :: 일반적으로 문장에서 술어(谓语)와 관형어(定语)로 사용됨.

:: **예　문** ::

(1) 他的学习成绩在班里数一数二。

(2) 2020年中国可能成为全球数一数二的贸易大国。

09 一心一意(yì xīn yí yì)

설명 (생각이나 마음 등이) 한결같다.

▸ 形容只有一个心眼儿，没有别的考虑。

▸ 含褒义。

:: **유의어** :: 全心全意(quán xīn quán yì)

:: **반의어** :: 三心二意(sān xīn èr yì)

:: **어 법** :: 일반적으로 문장에서 관형어(定语)와 부사어(状语)로 사용됨.

:: **예 문** ::

(1) 我天真的认为他是个一心一意的人，可我错了。

(2) 从陈教授作为学校合唱团的指挥，11年来不辞辛苦，一心一意为合唱团的发展而操劳。

10 八字没一撇(bā zì méi yì piě)

설명_ (어떤 일이나 결말에)아직 윤곽이 잡히지 않다.

- 形容现在看事情发展的情况，看不出什么结果。
- 含贬义。

:: **유의어** :: 八字没见一撇(bā zì méi jiàn yì piě)

:: **어　법** :: 일반적으로 문장에서 관형어(定语)와 술어(谓语)로 사용됨.

:: **예　문** ::

(1) 什么时候结婚？还是八字没一撇的事情呢。

(2) 只是听说他会提职，至于什么时候提，还八字没一撇呢。

11 一传十，十传百
(yī chuán shí, shí chuán bǎi)

설명_ 소식이 빨리 퍼져 나가다.

▸ 形容消息传播的速度非常快。

:: 어 법 :: 일반적으로 문장에서 목적어(宾语)와 술어(谓语), 부사어(壮语), 단문(分句)으로 사용됨.

:: 예 문 ::

(1) 让更多的新卖家快速成长起来，真正做到一传十，十传百，还需要你、我、他的共同努力！
(2) 就这样一传十，十传百，狗不理的包子成了天津名产，顾客也经常大排长龙。
(3) 在网友间一传十，十传百地互相介绍三星的新型手机。
(4) 一传十，十传百，去过那家店的人都说他们的服务态度好，于是那家店的生意越来越红火了。

12 不名一文(bù míng yì wén)

설명_ 무일푼이다.

- 名：占有。
- 文：铜钱。
- 指一分钱也没有。
- 形容非常贫穷，或者不值钱。

:: **유의어** :: 一无所有(yì wú suǒ yǒu)

:: **반의어** :: 腰缠万贯(yāo chán wàn guàn)

:: **어 법** :: 일반적으로 문장에서 목적어(宾语), 술어(谓语), 관형어(定语)로 사용됨.

:: **예 문** ::

(1) 相对他们的成功来说，我们的努力竟是那样的不名一文。

(2) 比尔·盖茨也曾经和我们一样不名一文，但他知道如何利用自身的优势去抓住身边的机遇，于是他成功了。

(3) 布拉德·皮特从一个不名一文的杂务工变成了好莱坞炙手可热的性感偶像。

실·용·회·화

A：头天晚上学的生词，第二天早上就忘得一干二净。

B：介绍你一本速记的书吧，它教你举一反三地应用，这样就不会忘了。

A：太好了，谢谢！

A：李总可谓是白手起家，从一个一无所有的农民，到当今数一数二的家电商。

B：羡慕，佩服啊！

第十四课

典故今义

01 八仙过海，各显神通
(bā xiān guò hǎi，gè xiǎn shén tōng)

설명_ 사람마다 제각기 나름대로의 방법을 가지고 있다.

- 八仙：八位神仙。
- 显：显示。
- 形容每个人都有自己的本领。
- 含褒义。

:: 유의어 :: 八仙过海，各显其能
(bā xiān guò hǎi，gè xiǎn qí néng)

:: 어 법 :: 일반적으로 문장에서 술어(谓语)와 목적어(宾语)로 사용됨.

:: 예 문 ::

(1) 为了争夺人才，很多国家八仙过海，各显神通，采用了很多办法。

(2) 考场上，考生们可谓八仙过海，各显神通，但作弊者无一得逞。

02 挂羊头卖狗肉
(guà yáng tóu mài gǒu ròu)

설명_ 겉과 속이 다르다.

- 形容用好的名义做幌子，实际上名不副实或做坏事。
- 含贬义。

:: **유의어** :: 名不副实(míng bú fù shí)

:: **반의어** :: 名副其实(míng fù qí shí)

:: **어 법** :: 일반적으로 문장에서 목적어(宾语), 관형어(定语), 술어(谓语)로 사용됨.

:: **예 문** ::

(1) 国内市场上的一些所谓的高清电视(HDTV)，只是挂羊头卖狗肉罢了。

(2) 记者日前采访发现，这种挂羊头卖狗肉的现象很多。

(3) 这些公司挂羊头卖狗肉，实际上根本不做生意。

03 鸡毛蒜皮(jī máo suàn pí)

설명_ 하찮은 일.

- 指无关紧要的琐碎事情。
- 形容小事儿。

:: **유의어** :: 鸡零狗碎(jī líng gǒu suì)

:: **반의어** :: 硕大无朋(shuò dà wú péng)

:: **어　법** :: 일반적으로 문장에서 관형어(定语)로 사용됨.

:: **예　문** ::

(1) 结婚之后矛盾突然多了起来，但都是些鸡毛蒜皮的小事儿。

(2) 两家人因为一些鸡毛蒜皮的小事儿吵得连话都不说了。

04 打破砂锅问到底
(dǎ pò shā guō wèn dào dǐ)

설명_ 끝까지 추궁하다.

▸ 形容要问清楚明白。

::어 법:: 일반적으로 문장에서 목적어(宾语)와 술어(谓语)로 사용됨.

::예 문::

(1) 小王遇到疑点则喜欢打破砂锅问到底，直到将问题弄明白为止。

(2) 我今天就要打破沙锅问到底了，不说明白谁都不能走。

05 杞人忧天(qǐ rén yōu tiān)

설명_ 쓸데없는 걱정

- 杞人：杞国人。
- 忧：担心。
- 指杞国有个人怕天塌下来。
- 形容没必要担心。
- 含贬义。

:: **유의어** :: 庸人自扰(yōng rén zì rǎo)

:: **반의어** :: 无忧无虑(wú yōu wú lǜ)

:: **어 법** :: 일반적으로 문장에서 목적어(宾语)와 부사어(状语)로 사용됨.

:: **예 문** ::

(1) 看到了吧！不是什么事都没有吗？不要杞人忧天了。

(2) 她总杞人忧天地担心孩子将来不能上大学，不能独立生活。

06 画龙点睛(huà lóng diǎn jīng)

설명_ 가장 중요한 부분을 완성하다.

- 指写文章或讲话时，在关键处用几句话点明实质，使内容生动有力。
- 形容在关键的地方指出来。
- 含褒义。

:: 유의어 :: 点石成金(diǎn shí chéng jīn)

:: 반의어 :: 画蛇添足(huà shé tiān zú)

:: 어　법 :: 일반적으로 문장에서 주어(主语), 관형어(定语), 부사어(状语)로 사용됨.

:: 예　문 ::

(1) 画龙点睛是一个画家必须具备的本领。

(2) 他买了一幅珍藏价值极高的艺术品，希望它在房间装饰中起到画龙点睛的作用。

(3) 在文章的结尾，她画龙点睛地提到了公司将来的发展。

07 亡羊补牢(wáng yáng bǔ láo)

설명_ 일이 발생하고 난 후에 대책을 마련하다.

- 亡：丢失。
- 牢：关牲口的圈。
- 指羊丢了再去修补羊圈，还不算晚。
- 形容出了问题以后想办法补救，可以防止继续受损失。
- 常与‘为时不晚’搭配使用。

:: **유의어** :: 知错就改(zhī cuò jiù gǎi)

:: **반의어** :: 知错不改(zhī cuò bù gǎi)

:: **어 법** :: 일반적으로 문장에서 단문(分句), 목적어(宾语), 술어(谓语)로 사용됨.

:: **예 문** ::

(1) 亡羊补牢，为时不晚，咱们重新开始吧！

(2) 前些日子发生了大桥坍塌的事件，造成了很多人的伤亡，政府现在要对所有建筑进行普查，决心亡羊补牢。

(3) 像这一类不足之处，只好以后再版时亡羊补牢了。

08 海市蜃楼(hǎi shì shèn lóu)

설명_ 아무런 근거나 토대가 없는 사물.

- 原指海边或沙漠中，由于光线的反射和折射，空中或地面出现虚幻的楼台或城城市。
- 现多形容不实际存在的事物。
- 常含贬义。

:: 유의어 :: 空中楼阁(kōng zhōng lóu gé)

:: 어 법 :: 일반적으로 문장에서 목적어(宾语)와 관형어(定语)로 사용됨.

:: 예 문 ::

(1) 她终于懂了，那只是一场梦，是海市蜃楼罢了。

(2) 每年夏季来临，是观赏海市蜃楼现象的有利时机。

09 狗咬吕洞宾
(gǒu yǎo lǚ dòng bīn)

설명_ 남의 호의를 몰라주다.

- 洞宾：传说中的八仙之一。
- 指狗见了吕洞宾这样做好事的好人也咬。
- 形容不分好人和坏人。
- 常与‘不识好人心’搭配使用。

:: **유의어** :: 不识好人心(bù shí hǎo rén xīn)

:: **어　법** :: 일반적으로 문장에서 목적어(宾语)와 술어(谓语)로 사용됨.

:: **예　문** ::

(1) 你这个人简直是狗咬吕洞宾，不识好人心，把人家的好心当驴肝肺了。

(2) 你又狗咬吕洞宾了，我这么做还不是为了你?

실·용·회·화

A：你不要挂羊头卖狗肉，好不好?

B：你怎么那么死心眼？ 这年头竞争这么激烈，这叫八仙过海，各显神通。

A：没听说！这是卖假货。

B：别把这么点鸡毛蒜皮的事夸张，好不好?

A：你还是做点正当生意吧，哎!

A：你怎么狗咬吕洞宾，不识好人心啊?

B：说谁呢？你打什么主意我还不知道？算了吧。

第十五课

俗语今义

01 小巫见大巫
(xiǎo wū jiàn dà wū)

설명_ 너무 벅찬 상대를 만나다.

- 巫：装神弄鬼替人祈祷为职业的人。
- 形容一个比另一个差得远。
- 含贬义。

:: 유의어 :: 相形见绌(xiāng xíng jiàn chù)

:: 어 법 :: 일반적으로 문장에서 목적어(宾语)로 사용됨.

:: 예 문 ::

(1) 北京的温度还算高，和武汉相比，简直是小巫见小大巫。

(2) 我脾气是不好，可是和他比起来，那真是小巫见小大巫了。

02 井水不犯河水
(jǐng shuǐ bú fàn hé shuǐ)

설명_ 서로 간섭하지 않다.

- 犯：侵犯。
- 形容互不相干。

:: **유의어** :: 是非分明(shì fēi fēn míng)

:: **반의어** :: 相得益彰(xiāng dé yì zhāng)

:: **어 법** :: 일반적으로 문장에서 술어(谓语)와 관형어(定语)로 사용됨.

:: **예 문** ::

(1) 从此以后我们两个人井水不犯河水。

(2) 自从他们俩打了架以后，就过上了井水不犯河水的平行线生活。

03 猫哭老鼠(māo kū lǎo shǔ)

설명_ 고양이가 쥐 생각하다.

- 指猫不会因为老鼠死了而伤心的。
- 形容假慈悲。
- 含贬义。

:: **유의어** :: 鳄鱼眼泪(è yú yǎn lèi)

:: **반의어** :: 真心实意(zhēn xīn shí yì)

:: **어　법** :: 일반적으로 문장에서 목적어(宾语)와 관형어(定语)로 사용됨.

:: **예　문** ::

(1) 你是猫哭老鼠假慈悲吧，我没能约到她，你却高兴着呢。

(2) 其实在现实生活中，猫哭老鼠的事情比比皆是。

04 拿手好戏(ná shǒu hǎo xì)

설명_ 가장 잘 하는 재주.

- 拿手：最擅长的。
- 形容最擅长的本领。
- 用于称赞人。

::유의어:: 看家本领(kān jiā běn lǐng)

::반의어:: 一无所长(yì wú suǒ cháng)

::어　법:: 일반적으로 문장에서 주어(主语)와 목적어(宾语)로 사용됨.

::예　문::

(1) 他的拿手好戏就是能在一部影片里同时扮演多个角色。

(2) 女人的看家本领是撒娇，男人的拿手好戏是撒谎。

05 人怕出名，猪怕壮
(rén pà chū míng, zhū pà zhuàng)

설명_ 사람은 유명해지면 화를 자초하기 쉽고,
돼지는 살찌면 도살당하기 쉽다.

- 壮：壮大，指长大。
- 指人怕出了名后会有麻烦，就象猪怕长肥了后就要被杀一样。
- 形容人怕出名。
- 含贬义。

::어 법:: 일반적으로 문장에서 목적어(宾语), 관형어(定语), 단문(分句)으로 사용됨.

::예 문::

(1) 俗话说‘人怕出名，猪怕壮’，出名也不是什么好事。
(2) 早在此事发生之前，小王就注意到人怕出名猪怕壮的道理。
(3) 人怕出名猪怕壮，男怕没钱女怕胖。我有钱，你不胖，我们不是很有基础么？

06 不入虎穴，焉得虎子
(bú rù hǔ xué, yān dé hǔ zǐ)

설명_ 어려움을 거치지 않고는 성공할 수 없다.

- 焉：怎么。
- 指不进老虎窝，怎能捉到小老虎。
- 形容不亲历险境就不能获得成功。

:: **유의어** :: 亲临其境(qīn lín qí jìng)

:: **반의어** :: 胆小如鼠(dǎn xiǎo rú shǔ)

:: **어　법** :: 일반적으로 문장에서 단문(分句)으로 사용됨.

:: **예　문** ::

(1) 不入虎穴，焉得虎子，这句话在实践中简直就是真理。

(2) 投资需要有冒险的精神，不入虎穴焉得虎子。

07 不到黄河心不死

(bú dào huáng hé xīn bù sǐ)

설명_ 목표를 이를 때까지 절대 포기하지 않다.

▸ 形容不达到目的不罢休。

::어 법:: 일반적으로 문장에서 술어(谓语), 관형어(定语), 단문(分句)으로 사용됨.

::예 문::

(1) 他这种人，不到黄河心不死。

(2) 从投机心理的角度探讨，股民通常有一种不到黄河心不死的心态。

(3) 不到黄河心不死，这句话听起来平凡，却有几人能够真正做到呢?

08 不费吹灰之力
(bú fèi chuī huī zhī lì)

설명_ 식은 죽 먹기이다.

- 费：费力。
- 灰：灰尘。
- 形容事情做起来非常容易，不花一点力气。

:: **유의어** :: 轻而易举(qīng ér yì jǔ)

:: **반의어** :: 难于登天(nán yú dēng tiān)

:: **어　법** :: 일반적으로 문장에서 술어(谓语)와 부사어(壮语)로 사용됨.

:: **예　문** ::

(1) 我没费吹灰之力，就写完了这份作业。

(2) 鹬蚌相争，这时，一个渔夫便走过来，不费吹灰之力就把它们一起捉走了。

09 打退堂鼓(dǎ tuì táng gǔ)

설명_ 중도에서 포기하다.

- 原指古代官吏退堂时打鼓。
- 形容遇到困难就中途退缩。

:: **유의어** :: 半途而废(bàn tú ér fèi)

:: **반의어** :: 勇往直前(yǒng wǎng zhí qián)

:: **어 법** :: 일반적으로 문장에서 술어(谓语)와 목적어(宾语)로 사용됨.

:: **예 문** ::

(1) 这件事想一想实在是太难办了，所以他打退堂鼓了。

(2) 我们都坚持了两年了，现在有了比较好的外部环境，就更不会打退堂鼓。

10 赶鸭子上架
(gǎn yā zi shàng jià)

설명_ 할 수 없는 일을 남에게 강요하다.

▸ 形容强迫去做能力达不到的事情。

:: **유의어** :: 打鸭子上架(dǎ yā zi shàng jià)

:: **어 법** :: 일반적으로 문장에서 목적어(宾语)로 사용됨.

:: **예 문** ::

(1) 你说，就她那点文化要弄出什么高水平的提案来，这不是赶鸭子上架吗?

(2) 去年我被赶鸭子上架当了一回记者。

11 入乡随俗(rù xiāng suí sú)

설명_ 로마에 가면 로마법을 따라야 한다.

▸ 形容到一个地方，就要按照当地的习俗做事。

::**유의어**:: 因地制宜(yīn dì zhì yí)

::**반의어**:: 本本主义(běn běn zhǔ yì)

::**어 법**:: 일반적으로 문장에서 술어(谓语)와 목적어(宾语)로 사용됨.

::**예 문**::

(1) 这里是乡村，不是大城市，很多习惯是不同的。你要入乡随俗才行。

(2) 旅游到了西藏，在欣赏或感受这里的美景和完全不一样的生活方式时，最好能入乡随俗，这样才能玩得开心。

12 大海捞针(dà hǎi lāo zhēn)

설명_ 매우 찾기 힘들다.

- 捞：从液体里面取东西。
- 指在大海里捞一根针。
- 形容极难找到。

:: **유의어** :: 难如登天(nán rú dēng tiān)

:: **반의어** :: 唾手可得(tuò shǒu kě dé)

:: **어 법** :: 일반적으로 문장에서 목적어(宾语)와 부사어(状语)로 사용됨.

:: **예 문** ::

(1) 在茫茫人海中找到适合我的那一半，就像大海捞针。

(2) 她大海捞针般地找啊找，半个月过去了，还是没有人知道。

13 狗拿耗子(gǒu ná hào zi)

설명_ 쓸데없이 참견하기 좋아하다.

- 拿：捉拿，抓。
- 指狗是看门的，猫是捉老鼠的，狗替猫捉老鼠。
- 形容多管闲事。
- 含贬义。

::**유의어**:: 狗逮老鼠(gǒu dǎi lǎo shǔ)

::**반의어**:: 安分守己(ān fèn shǒu jǐ)

::**어 법**:: 일반적으로 문장에서 목적어(宾语)와 관형어(定语)로 사용됨.

::**예 문**::

(1) 你是狗拿耗子，多管闲事，我交什么男朋友不用你来操心。

(2) 生活中狗拿耗子的事多了，不过并不是狗拿耗子就是坏事。

14 狗嘴里吐不出象牙

(gǒu zuǐ li tǔ bù chū xiàng yá)

설명_ 개입에서는 개 소리밖에 안 나온다.

- 指坏人嘴里说不出好话来。
- 形容说的话不好。
- 用于讥讽与开玩笑。
- 含贬义。

::유의어:: 废话少说(fèi huà shǎo shuō)

::어 법:: 일반적으로 문장에서 목적어(宾语)로 사용됨.

::예 문::

(1) 你说任何话，我听起来好像都属于狗嘴里吐不出象牙。

(2) 如果你不够了解我，请闭嘴，不要狗嘴里吐不出象牙。

15 马后炮(mǎ hòu pào)

설명_ 뒷북치다.

- 原指象棋术语。
- 形容行动不及时。
- 含贬义。

:: **유의어** :: 事后诸葛亮(shì hòu Zhū gě Liàng)

:: **어 법** :: 일반적으로 문장에서 목적어(宾语)로 사용됨.

:: **예 문** ::

(1) 现在说有什么用啊，别放马后炮了。

(2) 让我们奇怪的是，为什么管理部门的措施总是马后炮呢?

실·용·회·화

A：真行啊，听说你在釜山地区第五届演讲比赛中拿到了优秀奖。

B：这是小巫见大巫了，你当年可是一等奖啊。

A：你就别谦虚了。

B：我不是谦虚，说实话，我是赶鸭子上架的，大家都选我，没办法，只好参加了。

A：理解。可是最后拿奖了就是好结局嘛!

A：谁说我今年不能得奖学金？你就是狗嘴里吐不出象牙。

B：你怎么不信啊，我都看见你的成绩了。你真是不到黄河心不死。

A：我不信，期末考试考得挺好的呀。

B：别人比你考得还好呗！没关系，明年努力，明年再得吧!

第十六课 其他

01 百闻不如一见
(bǎi wén bù rú yí jiàn)

설명_ 백문이 불여일견이다.

- 闻：听见。
- 形容听得再多，也不如亲眼见到一次。

:: **유의어** :: 百见不如一试(bǎi jiàn bù rú yí shì)

:: **반의어** :: 道听途说(dào tīng tú shuō)

:: **어 법** :: 일반적으로 문장에서 단문(分句)으로 사용됨.

:: **예 문** ::

(1) 百闻不如一见，都说《红楼梦》的舞蹈很好看，今天到现场看了，真的很不错。

(2) 听说北京近几年发展越来越快，百闻不如一见，如今来了，看到鸟巢、水立方，真是大开眼界。

02 大方之家(dà fāng zhī jiā)

설명_ 전문가.

- 大方：大道理。
- 形容见识广博或学有专长的人。

:: **유의어** :: 识途老马(shí tú lǎo mǎ)

:: **어 법** :: 일반적으로 문장에서 목적어(宾语)와 관형어(定语)로 사용됨.

:: **예 문** ::

(1) 关于城市农村经济发展问题，请教大方之家。

(2) 我试着翻译了一段文字，很难，希望得到大方之家的指点。

03 耳濡目染(ěr rú mù rǎn)

설명_ 자주 보고 들어서 익숙하다.

- 濡：沾湿。
- 染：沾染。
- 形容耳朵经常听到，眼睛经常看到，不知不觉地受到影响。

::**유의어**:: 耳闻目睹(ěr wén mù dǔ)

::**반의어**:: 少见多怪(shǎo jiàn duō guài)

::**어　법**:: 일반적으로 문장에서 단문(分句)으로 사용됨.

::**예　문**::

(1) 她每天耳濡目染，也会说几句汉语了。

(2) 我们不能不为这耳濡目染的神奇效果感叹!

04 落叶归根(luò yè guī gēn)

설명_ 타향에 사는 사람이 결국 고향으로 돌아가다.

- 指飘落的枯叶，掉在树木根部。
- 形容在异国他乡的人，最终要回到故乡。

:: **유의어** :: 故土难离(gù tǔ nán lí)

:: **반의어** :: 离乡背井(lí xiāng bèi jǐng)

:: **어　법** :: 일반적으로 문장에서 술어(谓语), 목적어(宾语), 관형어(定语)로 사용됨.

:: **예　문** ::

(1) 韩国人有一个传统，死了一定落叶归根，埋在自己的乡土。

(2) 很多生活在国外的人，年老时都希望能落叶归根。

(3) 为了满足好友老刘生前落叶归根的想法，将他的骨灰带回了家乡。

05 醉翁之意不在酒
(zuì wēng zhī yì bú zài jiǔ)

설명_ 다른 속셈이 있다.

▸ 醉翁：喝醉酒的人。

▸ 原指作者自说在亭子里喝酒，但真意不在于喝酒，而在于欣赏山里的风景。

▸ 形容人的行动和想法不一样。

:: **유의어** :: 别有用心(bié yǒu yòng xīn)

:: **반의어** :: 一心一意(yì xīn yí yì)

:: **어 법** :: 일반적으로 문장에서 단문(分句)과 목적어(宾语)로 사용됨.

:: **예 문** ::

(1) 他几次邀请刚来公司的小王一起去喝咖啡，大家都看得出来，醉翁之意不在酒，是打算追小王罢了。

(2) 前来出席酒会的中外记者可是醉翁之意不在酒，他们真正想吃的是'新闻大餐'。

06 鸦雀无声(yā què wú shēng)

설명_ 쥐 죽은 듯이 조용하다.

- 指连乌鸦麻雀的声音都没有。
- 形容非常安静。

:: **유의어** :: 万籁俱寂(wàn lài jù jì)

:: **반의어** :: 人声鼎沸(rén shēng dǐng fèi)

:: **어 법** :: 일반적으로 문장에서 술어(谓语), 관형어(定语), 보어(补语)로 사용됨.

:: **예 문** ::

(1) 听到这个消息，屋子里的人全都鸦雀无声了。
(2) 鸦雀无声的大厅里，突然跑进来一群小孩子，顿时热闹起来。
(3) 大厅里，一时间变得鸦雀无声。

07 历历在目(lì lì zài mù)

설명_ (지나간 일들이) 눈에 선하다.

- 历历：清楚的样子。
- 指过去的事情清清楚楚地重现在眼前。
- 形容对往事的回忆。

::**유의어**:: 一清二楚(yì qīng èr chǔ)

::**반의어**:: 昏天黑地(hūn tiān hēi dì)

::**어 법**:: 일반적으로 문장에서 술어(谓语)와 보어(补语)로 사용됨.

::**예 문**::

(1) 当时导师对我的关怀和爱护，至今还历历在目。

(2) 他讲得历历在目，可见那是一段多么伤心的往事。

08 判若两人(pàn ruò liǎng rén)

설명_ 전혀 딴사람 같다.

- 若：像。
- 指某人前后的言行明显不一致，象两个人一样。
- 形容在不同场合的表现不同。

:: **유의어** :: 迥然不同(jiǒng rán bù tóng)

:: **반의어** :: 一如既往(yì rú jì wǎng)

:: **어　법** :: 일반적으로 문장에서 술어(谓语)와 관형어(定语)로 사용됨.

:: **예　문** ::

(1) 她昨晚还是个醉鬼，今天却打扮得很青春，与昨晚判若两人。

(2) 以前的他和现在的他有判若两人的感觉。

09 粗心大意(cū xīn dà yì)

설명_ 진지하지 못하고 경솔하다.

- 粗：粗蔬。
- 指做事马虎。
- 形容考虑或做事方面不认真。
- 含贬义。

:: **유의어** :: 粗枝大叶(cū zhī dà yè)

:: **반의어** :: 小心翼翼(xiǎo xīn yì yì)

:: **어 법** :: 일반적으로 문장에서 술어(谓语) 목적어(宾语), 관형어(定语)로 사용됨.

:: **예 문** ::

(1) 我平时粗心大意的，爱人常常说我。

(2) 接待这样大的代表团还是第一次，我们没有经验，千万不能粗心大意。

(3) 她表示一定要改掉粗心大意的毛病。

10 半途而废(bàn tú ér fèi)

설명_ 일을 중도에 그만두다.

- 半途：半路。
- 废：停止。
- 形容做事不能坚持到底，中途停了。
- 含贬义。

:: **유의어** :: 功亏一篑(gōng kuī yí kuì)

:: **반의어** :: 持之以恒(chí zhī yǐ héng)

:: **어 법** :: 일반적으로 문장에서 술어(谓语), 부사어(状语), 관형어(定语)로 사용됨.

:: **예 문** ::

(1) 干什么事都别半途而废。

(2) 本来是学书法的，可是我那时厌倦了书法，半途而废学了绘画。

(3) 我不想做一个半途而废的人，这是我的矛盾，不知道如何选择。

11 漫山遍野(màn shān biàn yě)

설명_ 매우 많다.

- 漫：满。
- 遍：到处。
- 指山上和田野里到处都是。
- 形容人或动植物很多。

:: **유의어** :: 比比皆是(bǐ bǐ jiē shì)

:: **반의어** :: 寥寥无几(liáo liáo wú jǐ)

:: **어　법** :: 일반적으로 문장에서 주어(主语)와 관형어(定语)로 사용됨.

:: **예　문** ::

(1) 春天来了，漫山遍野都披上了绿装。

(2) 我喜欢漫山遍野的野花。

12 天南海北(tiān nán hǎi běi)

설명_ 머나먼 곳. 다양한 이야기 거리.

- 形容距离很远的不同地区。
- 也形容谈话内容很多。

:: **유의어** :: 天南地北(tiān nán dì běi)

:: **반의어** :: 近在眉睫(jìn zài méi jié)

:: **어　법** :: 일반적으로 문장에서 부사어(状语)와 관형어(定语)로 사용됨.

:: **예　문** ::

(1) 他们经常在一起天南海北地聊天，久而久之就产生了感情。

(2) 欢迎社会各界朋友和天南海北的宾客光临。

13 源远流长(yuán yuǎn liú cháng)

설명_ 아득히 멀고 오래다.

- 源：渊源。
- 指源头很远，水流很长。
- 形容历史悠久。
- 含褒义。

::**유의어**:: 源源不断(yuán yuán bú duàn)

::**반의어**:: 无源之水(wú yuán zhī shuǐ)

::**어 법**:: 일반적으로 문장에서 술어(谓语)와 관형어(定语)로 사용됨.

::**예 문**::

(1) 中国的文化和历史源远流长。

(2) ‘任’姓是一个源远流长的古姓。

실·용·회·화

A：瞧，那两个人今天喝多了，天南海北地侃。

B：你不知道啊，他们是我们研究所的专家，大方之家啊。

A：知道啊，可是酒后的两个人与试验室里的他们简直判若两人。

B：哈哈，这就是酒的功效了。

A：真是百闻不如一见，秋天的香山的确与众不同。

B：是呀！看漫山遍野的红叶。

A：我们今天就好好享受这大自然的美景吧！

색 인

A

B

C

D

E

F

G

H

J

K

L

M

N

P

Q

R

S

T

W

X

Y

Z

저자 약력

文炳淳

- 慶熙大學校 學士
- 國立臺灣大學 碩士
- 國立臺灣大學 博士
- 現)慶南大學校 中國學部 教授

李茉娜

- 東北師範大學 學士
- 北京大學 碩士
- 現)中國東北大學 國際交流學院 教師